Cécile Berg
Linda Louis

Natürlich sauber im ganzen Haus

stv

Umschlaggestaltung: DSR – Werbeagentur Rypka, A-8143-Dobl/Graz
Titelbild: David Cosson – dazibaocom.com
Umschlagbilder Rückseite: Linda Louis: links, Mitte; Shutterstock: rechts.
Graphische Gestaltung: David Cosson – dazibaocom.com
Fotos: Linda Louis, mit Ausnahme von S. 11, 12, 13, 17, 49, 54, 64, 81, 101, 152, 153, 154, 156, 157, 162, 163, 175, 177, 179, 181, 189, 192, 194, 195, 203, 207, 208, 209: Shutterstock.

Titel der französischen Originalausgabe: Cecile Berg / Photographies de Linda Louis: Green Washing. Fabriquer ses produits ménagers © Éditions La Plage, Paris, 2016

Aus dem Französischen übertragen von Konrad Weiß.

Bibliographische Information der Deutschen Nationalbibliothek
Die Deutsche Nationalbibliothek verzeichnet diese Publikation in der Deutschen Nationalbibliographie; detaillierte bibliographische Daten sind im Internet über http://dnb.d-nb.de abrufbar.

Hinweis:
Dieses Buch wurde auf chlorfrei gebleichtem Papier gedruckt. Die zum Schutz vor Verschmutzung verwendete Einschweißfolie ist aus Polyethylen chlor- und schwefelfrei hergestellt. Diese umweltfreundliche Folie verhält sich grundwasserneutral, ist voll recyclingfähig und verbrennt in Müllverbrennungsanlagen völlig ungiftig.

Auf Wunsch senden wir Ihnen gerne kostenlos unser Verlagsverzeichnis zu:
Leopold Stocker Verlag GmbH
Hofgasse 5 / Postfach 438
A-8011 Graz
Tel.: +43 (0)316/82 16 36
Fax: +43 (0)316/83 56 12
E-Mail: stocker-verlag@stocker-verlag.com
www.stocker-verlag.com

ISBN 978-3-7020-1867-2

Satz: DSR – Werbeagentur Rypka, A-8143-Dobl/Graz

Druck und Bindung: Finidr, s.r.o., Tschechische Republik

Cécile Berg

Linda Louis

Natürlich SAUBER im ganzen Haus

Ökologische Putzmittel selbst herstellen

Leopold Stocker Verlag

Graz – Stuttgart

Inhaltsverzeichnis

Sagten Sie Greenwashing?

Der etwas provokante und sehr hintersinnige Titel dieses Kapitels bezieht sich auf das so genannte *Greenwashing*, sprich die „grüne“ Selbstdarstellung mancher Unternehmen, hinter der sich wenig ökologische Praktiken verbergen. Er gibt auch den Grundton des Buches vor: Sich die Kontrolle über die eigene Haushaltsführung zurückholen und sich nicht mehr von gewissen Wirkungskraft-Versprechen hinters Licht führen lassen.

Eine saubere und gesunde Wohnumgebung trägt zum Komfort, zum Wohlbefinden und zur Gesundheit bei. Wie ist es in diesem Sinne auch nur vorstellbar, dass Haushaltsreiniger, die giftige oder ätzende Inhaltsstoffe enthalten, zu einem gesunden Wohnumfeld beitragen können? Es gibt immer Nebenwirkungen, sei es auf die Umwelt, auf die Gesundheit oder sogar unmittelbar auf die Wohnung.

Umweltbewusste Menschen haben sich schon längst Produkten zugewandt, die als „Bio“ ausgewiesen werden. Trotzdem kommt man nicht umhin festzustellen, dass diese entsetzlich teuer sind. Und wenn man sich das Etikett eines Flüssigwaschmittels genauer ansieht, entdeckt man nicht weniger als etwa zwanzig Bestandteile. Man muss schon zumindest ein Masterdiplom in Chemie erworben haben, um den Inhalt dieser Listen zu verstehen. Um das Ganze noch zu krönen, schreibt der Gesetzgeber noch nicht einmal eine vollständige und detaillierte Offenlegung der Inhaltsstoffe vor. Eine erkleckliche Anzahl von Reinigungsmitteln weist eine Zusammensetzung mit zum Beispiel „< 5 % nichtionischen oberflächenaktiven Stoffen“ aus. Mir persönlich wird schwindlig durch dieses Gefühl, nicht selbst zu entscheiden und keine wirkliche Wahl zu haben.

Die Produkte im Handel zwingen uns trotz ihrer großen Vielfalt eine bestimmte Form auf. Dabei handelt es sich stets um ein Pulver, ein Gel, eine Flüssigkeit oder einen Spray. Lassen wir uns nicht in die Irre führen. Ein Gel ist oft genug nur eine Flüssigkeit mit einem Verdickungsmittel. Anders als es seine Textur vermuten lässt, ist es nicht zwangsläufig höher konzentriert. Was die Flüssigkeiten betrifft, so sollten wir nicht aus den Augen verlieren, dass man uns hier in erster Linie Wasser verkauft.

Gegenüber einem solchen Mangel an Respekt vor der Umwelt, der Gesundheit und dem Konsumenten haben wir die Möglichkeit, zu reagieren. Die eigenen Reinigungsmittel herzustellen, bedeutet, sich von der Industrie zu befreien, die Kontrolle zurückzuerlangen und eine Wahl zu treffen.

Um aber eine Wahl treffen zu können, muss man verstehen. Dieses Buch ist als Führer konzipiert, mit Rezepturen und mit Schlüsseln zur Dekodierung, für all jene, die mehr wissen wollen.

Einen Gang hochschalten

Putzen allein dauert schon ganz schön lange, also auch noch seine eigenen Reinigungsmittel herstellen ... Hilfe!
Ja, unnötig, darum herumzureden, es erfordert ein bisschen Zeit. Seine Reinigungsmittel selber herzustellen, ist ein Prozess. Man geht dabei Schritt für Schritt vor. Man beginnt mit seinem eigenen Anti-Kalk-Spray, dann kommt, sobald die alte Flasche leer ist, das Geschirrspülmittel an die Reihe, dann das eigene Waschmittel ...

Gut, aber das ist sicher kompliziert?
Es ist überhaupt nicht kompliziert. Im Gegenteil, seine eigenen Reiniger herzustellen, erweist sich als recht spielerisch und völlig ungefährlich. Schritt für Schritt lernt man die Inhaltsstoffe und ihre Wirkungsweise kennen und eignet sich die Rezepturen an.

Und funktioniert es?
Wenn die Frage lautet, ob es auf diese Weise sauber wird: Ja, es wird sauber. Aber anders. Die Texturen sind manchmal anders als diejenigen, die wir gewohnt sind. Es schäumt weniger (siehe Seite 18), es riecht weniger stark, aber es wird sauber. Kleine Erinnerung: Sauberkeit riecht nach gar nichts. Obwohl, doch: Nach sauber. Umgekehrt ist etwas, das „sauber riecht“, nicht unbedingt sauber. *Etwas mit einem Geruch überdecken* ist nicht gleichbedeutend mit sauber machen.

Seine eigenen Reinigungsmittel herstellen, na gut, aber man muss immer noch die einzelnen Bestandteile kaufen!
Natürlich. Der Großteil findet sich im Bioladen bzw. im Supermarkt. Einige wenige in der Apotheke oder im Drogeriemarkt.

Für den Anfang reichen Bestandteile, die Sie vermutlich schon zu Hause haben:
- Natriumbicarbonat
- Tafelessig (in weiterer Folge kurz als Essig bezeichnet)
- Seife (Marseiller Seife oder flüssige Schmierseife)

Was kostet das Ganze?
Wenn man bei der Liste gleich oben bleibt:
- 1 kg Natriumbicarbonat: ca. € 3,50
- 1 l Essig: ca. € 2
- 1 Stück Marseiller Seife (französische Kernseife): ca. € 3

Womit fängt man an?
Ein schnelles, preiswertes Rezept, um überall im Haushalt mit Kalk aufzuräumen und so gut wie alle Oberflächen zu reinigen:

Essig-Expressspray

Zubehör und Bestandteile für 1 Liter
- Eine 1-l-Sprühflasche
- Ein Trichter
- ½ l Wasser
- ½ l Essig
- etwa 20 Tropfen ätherisches Eukalyptusöl

Zubereitung und Anwendung
1 – Den Trichter in den Hals der Flasche stecken. Das Wasser eingießen, dann den Essig und das ätherische Öl. Schütteln.
2 – Auf die zu reinigende Fläche sprühen. Mit einem Mikrofasertuch abwischen.
Jetzt brauchen Sie nur noch das Ergebnis zu bewundern!

Unterm Strich: Seine eigenen Reinigungsmittel herzustellen, ist schlau, spielerisch, ökologisch und wirtschaftlich.

Sind Sie auf Z.A.C.K?

Z.A.C.K ist die Abkürzung für **Z**eit, **A**ction, **C**hemie, **K**elvin (= wissenschaftliche Einheit für die Angabe von Temperaturen). So lauten die vier Faktoren, die man zum Einsatz bringen kann, um die Wirksamkeit jeder Reinigung zu erhöhen. Im Klartext: Je länger man einwirken lässt, desto sauberer wird es; je mehr man schrubbt, desto sauberer wird es; je stärker die Inhaltsstoffe sind, desto sauberer wird es; je heißer das Wasser ist, desto sauberer wird es.
Einfach, oder?

Nur dass die handelsüblichen Produkte eben damit locken, dass es ausreicht, sie aufzubringen und nachzuwischen, damit es sauber wird. Das Versprechen ist verlockend. Wer will schon warten, bis es wirkt, schrubben oder sich die Mühe machen, die Temperatur zu erhöhen, wenn es doch nicht nötig ist? Die Frage stellt sich, sobald man verstanden hat, dass der einzige Hebel, über den diese Reinigungsmittel wirken, die Wucht der Chemie ist.

Die „chemische Keule“ hat zwangsläufig Nebenwirkungen, sei es auf die Umwelt, auf die Gesundheit oder ganz einfach auf die Fläche, wo sie zur Anwendung kommt. Es gibt keine Wundermittel. Ausschließlich auf die Chemie zu setzen, hat Konsequenzen.

Ab dem Moment, wo wir diese Feststellung zu unserem Vorteil umkehren, wird uns bewusst, dass drei häufig vernachlässigte Faktoren übrigbleiben, um gründlich sauber zu machen. Die Chemie ist nicht der einzige Weg. Wir haben die freie Wahl. Sicherlich, manchmal wird es die Geduld brauchen, einwirken zu lassen; manchmal – oft sogar – wird man schrubben müssen; manchmal wird es wärmeres Wasser brauchen. Was man im Hinterkopf behalten muss, ist, dass es auch anders geht, dass man nicht alles auf die Chemie zu setzen braucht.

Das Prinzip lässt sich recht einfach zusammenfassen. Für einen normalen Fleck genügt eine Anwendung bei Normaltemperatur und einfaches Abwischen. Bei einem hartnäckigeren Fleck lassen Sie zunächst einmal länger einwirken. Die chemischen Reaktionen, die mit einer Reinigung mit sanfteren Mitteln einhergehen, treten nicht unmittelbar ein. Oft genügt es, ein wenig zu warten, um das erwünschte Ergebnis zu erhalten und/oder die Temperatur zu erhöhen, um die Reaktion zu beschleunigen. In den schwierigsten Fällen wird man alle Faktoren zum Einsatz bringen müssen: Einwirken lassen, schrubben, ein etwas kraftvolleres oder konzentrierteres Mittel verwenden und die Temperatur erhöhen.

LANOLIN
ZINKSALBE
Ungt. Zinci
BORVASELINE
Ungt. boric.
ARNIKATINKTUR
Tinct. Arnicae
MANDELOEL
Ol. Amygdal.
BENZOETINKTUR
Tinct. benzoes
MYRRHENTINKTUR
Tinct. Myrrhae
UNTERSCHWEFLIG-
SAURES NATRIUM
Natr. hyposulfur.
BORSÄURE
PULV.
Acid. boric. pulv.
WEINSTEINSÄURE
CRYST.
Acid. tartar. crist.
MILCHZUCKER
Sacchar. Lactis
ZITRONENSÄURE
PULV.
Acid. citric. pulv.
DEST.
WASSER
Aq. destillat.
FEINSPRIT
Alcohol rect.
LÖFFELKRAUT-
SPIRITUS
Spir. Cochlear.
ROSMARINGEIST
Spir. Rosmarin.
HAAROEL
Ol. Capillor.

Sich vorbereiten

Die Vorsichtsmaßnahmen

Auch wenn die einzelnen Bestandteile größtenteils grundsätzlich ungefährlich sind, gilt es, einige Vorsichtsmaßnahmen zu beachten:

- Beim Hantieren mit den Produkten Haushaltshandschuhe tragen, die ihren Namen verdienen!
- Die Dämpfe nicht tief einatmen, auch nicht, um sich am Duft der ätherischen Öle zu berauschen.
- Außerhalb der Reichweite von Kindern aufbewahren.
- Das jeweilige Zubehör nur für diese Zwecke benutzen.
- Trocken lagern.
- Die Produkte etikettieren: Den Inhalt sowie das Datum der Öffnung vermerken.
- Niemals Wasser in Säuren gießen, sondern die Säure (Essig, Zitronensäure) ins Wasser.

Das Zubehör

Um die Rezepturen dieses Buchs umzusetzen, brauchen Sie:

- Mikrofasertücher in allen Größen und Farben. Ich benutze ein Farbleitsystem für die unterschiedlichen Räume. Ich weiß, ich bin ein Kontrollfreak.
- Sprühflaschen. Es gibt recht hübsche günstig zu kaufen, man kann aber genauso gut gebrauchte wiederverwerten. Bitten Sie Ihr Umfeld, diese für Sie aufzubewahren.
- Flaschen und Kanister mit unterschiedlichem Fassungsvermögen: Selber Ratschlag wie für die Sprühflaschen.
- Einmachgläser
- Unterschiedlich harte Bürsten, inklusive Zahnbürsten
- Schwämme – bitte pflanzliche verwenden!
- Einen Eimer, ein oder zwei kleine Wannen
- Einen Kochtopf, eine Schüssel und eine Salatschüssel, um die Mischungen vorzubereiten.
- Einen Trichter
- Ein Spitzsieb
- Ein Reibeisen
- Einen Schaber
- Ein Glas (ca. 200 ml)
- Golfbälle

Schlüssel zum Verständnis

Der Kalk

Jeder weiß, was Kalk ist: Weiße Spuren im Edelstahl-Spülbecken. Sicher? Ist das nicht eher Kesselstein?

Puristen werden sagen, dass Kalk Sedimentgestein bezeichnet, Kesselstein hingegen Ablagerungen, die sich unter anderem in Abflüssen bilden. Beide bestehen hauptsächlich aus Kalziumkarbonat und aus Magnesium. Man spricht auch von kalkhaltigem Wasser.

Kalk entsteht durch Ausfällung von Ionen, und zwar durch Reaktion der Ionen Kalzium Ca^{2+} und Magnesium Mg^{2+} mit den Hydrogencarbonat-Ionen HCO_3^-. Diese Ionen sind wasserlöslich – bei bestimmten Temperaturen, pH-Werten und Konzentrationen. Wenn der eine oder andere dieser Parameter sich verändert, werden Ionen ausgefällt (als Feststoffe) und bilden nach folgender Gleichung Kalziumcarbonat:

$$Ca^{2+} + 2\ HCO_3^- <=> CaCO_3 + CO_2 + H_2O$$

Die Ausfällung (und damit die Kalkbildung) erfolgt verstärkt bei höheren Temperaturen. Deswegen bedecken sich die Widerstände von elektrischen Wasserkochern oder Waschmaschinen rasch mit Kalkablagerungen.

Kalkhaltiges Wasser stellt keine Gefahr für die Gesundheit dar. Trotzdem sind Kalkablagerungen nicht nur bloß unansehnlich – vor allem trocknen sie die Haut aus, machen die Wäsche hart und steif und reduzieren die Wirksamkeit von Seife und Waschmitteln.

Mit Säuren kann man Kalk wieder loswerden. Die Oxonium-Ionen H_3O^+ von Säuren reagieren mit Hydrogencarbonat-Ionen HCO_3^- nach folgender Gleichung:

$$H_3O^+ + HCO_3^- <=> CO_2 + 2\ H_2O$$

Diese Reaktion „verbraucht“ Hydrogencarbonat-Ionen, die daher nicht mehr zur Verfügung stehen, um Kalk zu bilden. Man sollte sich merken, dass das Entfernen entsprechender Ablagerungen umso schwieriger ist, je älter sie sind. Das beste Mittel, Kalk loszuwerden, ist also zu verhindern, dass er sich überhaupt bildet – indem man das Wasser weicher macht.

Das harte Wasser

Nein, also wirklich – wer hat sich bloß einen solchen Namen einfallen lassen: *Hartes Wasser*? Die Kundigeren werden wissen, dass das Gegenteil von „hartes Wasser" „weiches Wasser" lautet.

Die Wasserhärte bemisst sich nach der Konzentration von Kationen im Wasser, sprich von positiv geladenen Ionen, vor allem den Ionen Kalzium Ca^{2+} und Magnesium Mg^{2+}. Der entsprechende Größenwert, die Gesamthärte (GH), wird in ***Grad deutscher Härte*** (°dH) angegeben. Der Ausdruck „hartes Wasser" kommt von der Tatsache, dass stark mineralisiertes Wasser Seife schlecht löslich werden und wenig schäumen lässt und die Wäsche hart macht.

Warum?
Wie die meisten Waschmittel tritt auch Seife in Form eines Ionenpaares zwischen einer anionischen (negativ geladenen) Fettsäure und einem Natrium- oder Kalium-Ion auf. Die Bindung zwischen dem Anion der Fettsäuren und den Natriumionen ist schwach. Hartes Wasser enthält eine hohe Konzentration von Kalzium-Ionen. Zwischen den Natrium- und Kalzium-Ionen kommt es zu einem Austausch. Das Fettsäure-Natriumionen-Paar wird zu einem Fettsäure-Kalziumionen-Paar umgewandelt, das als nicht lösliche Kalkseife ausfällt. Dadurch bleibt nicht nur weniger Seife für die Reinigung übrig, sondern die Kalkseife kann sich zusätzlich auch ablagern und hinterlässt einen Grauschleier. Je härter also das Wasser ist, desto weniger wirksam werden Waschmittel.

Auf diese Weise wird der Reinigungsprozess durch hartes Wasser erschwert. Wäschestücke werden hart und steif. Ein weißlicher Film überzieht die Armaturen. Geschirr wird nie wirklich blitzblank.

Es existieren technische Einrichtungen, insbesondere Kationen-Ionen-Austauscher, die das Leitungswasser gleich bei Entnahme weicher machen.

Wo ein solches System fehlt, kann man die Wirksamkeit von Haushaltsreinigern durch die Verwendung von Natriumcarbonat (Wasch- bzw. Kristallsoda) erhöhen. Natriumcarbonat Na_2CO_3 ist wasserlöslich. Das auf diese Weise freigesetzte Karbonat-Ion reagiert mit den Kalzium- und Magnesium-Ionen des harten Wassers und bildet nicht lösliche Bestandteile, die ausfallen. Die folgende Reaktion veranschaulicht das Prinzip:

Kalziumionen + Natriumcarbonat → Kalziumcarbonat + Natriumionen

$$Ca^{2+}(aq) + Na_2CO_{3(aq)} \rightarrow CaCO_3(s) + 2Na+(aq)^*$$

*(aq) = Wasser

Das Ergebnis ist eine Reduktion der Konzentration von gelösten Kalzium- und Magnesium-Ionen. Das Wasser ist weniger hart. Die Seife wirkt besser.

Der pH-Wert

Der pH-Wert wird „P-H" ausgesprochen und nicht etwa „F". Wir haben alle schon von der pH-Neutralität von Kosmetikprodukten gehört, ohne genau zu wissen, worauf sich diese Neutralität bezieht.

Der pH-Wert (von lat. **p**otentia **H**ydrogenii, dt. „Kraft des Wasserstoffs") bezeichnet die Konzentration des Oxonium-Ions H^+ in einer Lösung. Er bewegt sich auf einer Skala von 0 bis 14. pH 7 entspricht einer neutralen Lösung und liegt bei reinem Wasser vor. Ein pH von weniger als 7 bezeichnet eine Säure, ein pH über 7 eine Base.

Der pH ist eine logarithmische Skala. Das bedeutet, dass eine Lösung mit dem pH-Wert 3 hundert Mal so sauer ist wie eine Lösung mit dem pH-Wert 5. Auf diese Skala geht das Konzept von starken und schwachen Säuren zurück.

Dabei gilt es zu beachten, dass Säuren zwar eine schlechte Presse haben und furchteinflößend scheinen, starke Basen aber oft wesentlich gefährlicher sind.

Säuren und Basen neutralisieren einander, wenn man sie vermischt. Die Reaktion einer Säure mit einer Base kann heftig sein.

Als Maßstab kann man sich merken, dass die menschliche Haut einen pH-Wert von durchschnittlich 5 bis 6 hat, also leicht sauer ist, Seife hingegen einen deutlich basischen pH zwischen 9 und 10.

Basische Verbindungen, die in diesem Buch Verwendung finden, sind: Natriumhydrogencarbonat bzw. Natriumbicarbonat oder Natron, Natriumcarbonat (Kristallsoda), Natriumhydroxid (Ätznatron, NaOH), Borax, Seife, Natriumpercarbonat.
Die in diesem Buch verwendeten sauren Verbindungen sind: Essig, Zitrone, Zitronensäure.

Der Schaum

Wenn's nicht schäumt, dann wird's nicht sauber! Woher haben wir diese Überzeugung?

Bevor wir die Frage zum Schaum beantworten, ist es wichtig zu verstehen, was eine Blase ist. Ich lade Sie ein, ein kleines Experiment anzustellen. Stellen Sie den Wasserhahn ruckartig ganz an und sie werden im Waschbecken Bläschen beobachten können. Die Blasen stellen eine Phasengrenzfläche zwischen Luft und Wasser dar. Da aber die Luft und das Wasser wenig Neigung besitzen, sich miteinander zu vermischen, sind diese Bläschen instabil und haben eine sehr begrenzte Lebensdauer. Es bildet sich also kein Schaum, denn die Bläschen verschwinden wieder.

Ein ähnliches Phänomen kann beobachtet werden, wenn man Öl mit einer wässrigen Lösung vermischt, zum Beispiel mit Essig. Wenn man dieses Gemisch mit einer Gabel kräftig durcheinanderrührt, kann man das Ganze emulgieren, sprich Ölbläschen im Essig bilden. Diese Emulsion ist instabil, denn das Wasser und das Öl haben wenig Neigung, sich miteinander zu vermischen, und sind bestrebt, ihre Berührungsflächen zu minimieren. Je mehr Bläschen wir haben, desto größer sind die Berührungsflächen zwischen den beiden Flüssigkeiten und desto instabiler ist das Ganze. Umgekehrt verschwinden die Bläschen, wenn die beiden Flüssigkeiten sich voneinander trennen – wobei das Öl dann oben auf dem Essig schwimmt und die Berührungsflächen auf ein Minimum reduziert. Das Ganze ist stabil.

Damit eine Emulsion zwischen zwei Phasen wie dem Öl und dem Wasser oder der Luft und dem Wasser stabil ist, braucht es Tenside wie Seife. Seife besteht aus amphiphilen („beides liebenden") Molekülen, die ein hydrophiles („wasserliebendes") und ein hydrophobes („wasserabweisendes") Ende haben, durch eine lange Kette voneinander getrennt.

Für unser Beispiel mit der Vinaigrette-Sauce oben heißt das: Wenn man Seife dazugibt, werden sich die hydrophoben Enden zum Öl hin orientieren, die hydrophilen zum Essig – und auf diese Weise Bläschen bilden, die man Mizellen nennt. Diesem Phänomen ist es zu verdanken, dass Seife sauber macht. Sie ist in der Lage, (fettigen) Schmutz in den Mizellen einzuschließen, die dann vom Wasser, mit dem man nachspült, entfernt werden – dank der Affinität der hydrophilen Enden, die sich an den Rändern der Mizellen befinden.

Bei Seifenblasen kommt ein ähnliches Prinzip zwischen der Luft und dem Wasser zur Anwendung. Hier ist die Situation ein bisschen anders, weil innerhalb UND außerhalb der Blase Luft ist. Eine Seifenblase besteht also aus einer doppelten Schicht amphiphiler Moleküle, die eine hauchdünne kugelförmige Schicht Wasser stabilisieren. Die amphiphilen Moleküle gehen an der Phasengrenzfläche zwischen Wasser und Luft in Position (mit dem Köpfchen im Wasser und dem Schwänzchen in der Luft) und sichern so die Stabilität des dünnen Wasserfilms, aus dem die Blase besteht.

Dieselben Eigenschaften, also ihr amphiphiler Charakter, sind der Grund dafür, dass Seife Fett beseitigt und Blasen formt. Der Schaum ist nur ein Nebeneffekt. Manche Reinigungsmittel – die waschaktiven Substanzen – wirken stärker auf die Phasengrenzflächen. Andere – die schaumbildenden Substanzen – formen verstärkt Bläschen. Da die Konsumenten die Schaumbildung mit der Wirksamkeit einer Reinigung in Verbindung bringen, fügt die Industrie Reinigungsmitteln oft schaumbildende Substanzen hinzu, die zwar keinen großen Nutzen für die Reinigung selbst haben, aber dem Produkt Glaubwürdigkeit verleihen.

15 Produktdatenblätter

1 Natriumbicarbonat

Chemische Formel: $NaHCO_3$

Deutsche Bezeichnungen: Natriumbicarbonat. Natriumhydrogencarbonat. Natron. Doppeltkohlensaures Natron. Speisesoda. Backsoda
Englische Bezeichnungen: Sodium bicarbonate. Bicarb. Baking soda.
Liste der Lebensmittelzusatzstoffe: E500(ii)

Geruchloser, weißer Feststoff
Wasserlöslich
Ungiftig
Schwaches Scheuermittel
Leicht basisch (pH zwischen 8 und 8,6)
In Supermärkten und Bioläden erhältlich

Die am häufigsten verwendete Bezeichnung Natriumbicarbonat oder Natron kann zu Verwechslungen führen: Natriumbicarbonat $NaHCO_3$ (Natron, Natriumhydrogencarbonat) hat nichts mit Natriumhydroxid NaOH (Ätznatron) zu tun.
In verschiedenen Qualitäten verfügbar: Hauswirtschaft, Lebensmittelbestandteil, Medizin. In seiner Ausführung für die Hauswirtschaft ist Natriumbicarbonat zum Verzehr ungeeignet, aber perfekt für die Haushaltsreinigung. DAS Mehrzweckprodukt schlechthin, für fast alle Anwendungsbereiche: Reinigen, Entfetten, Scheuern, Beseitigung unangenehmer Gerüche, Verhinderung der Ausbreitung von Bakterien, Fleckenentfernung, Wasserenthärtung. Vorsicht bei empfindlichen Oberflächen, die es zerkratzen kann, und bei Aluminium.

Mein Trick: Immer einen kleinen Topf mit parfümiertem Natriumbicarbonat griffbereit halten. Am besten bewahrt man es in einem Glas mit doppeltem Verschluss auf – einem Streuverschluss und einem zweiten geschlossenen Verschluss, um das Eindringen von Feuchtigkeit zu verhindern.

Parfümiertes Natriumbicarbonat

Zubehör und Bestandteile

- Ein verschließbares 500-ml-Glas (wenn möglich mit Streuverschluss)
- 400 g Natriumbicarbonat
- 1 TL von ihrem bevorzugten ätherischen Öl (ich liebe Zitrone!)

Zubereitung und Anwendung

1 – Das Natriumbicarbonat ins Glas schütten. Ätherisches Öl hinzufügen. Mischen.
2 – Verschließen und vor Feuchtigkeit geschützt aufbewahren.

2 Kristallsoda

Chemische Formel: Na_2CO_3

Deutsche Bezeichnungen: Kristallsoda. Natriumcarbonat. Waschsoda.
Englische Bezeichnungen: Sodium carbonate. Soda ash. Washing soda.
Liste der Lebensmittelzusatzstoffe: E500(i)

Geruchloser, weißer Feststoff
Wasserlöslich
Ungiftig
Haut- und augenreizend
Basisch (pH zwischen 11 und 11,5)
Hygroskopisch (bindet Feuchtigkeit aus der Umgebung)
In Supermärkten und Bioläden erhältlich
Kann durch Oxidation von Natriumbicarbonat $NaHCO_3$ gemäß folgender Reaktion gewonnen werden:

$$2\ NaHCO_3 \rightarrow Na_2CO_3 + H_2O + CO_2$$

Wie schon im Fall des Natriumbicarbonats kann auch der Begriff „Kristallsoda" Verwirrung stiften. Kristallsoda Na_2CO_3 (auch Waschsoda) ist kein Natriumhydroxid NaOH (auch kaustisches Soda oder Ätznatron) in Kristallform. Trotzdem kann Kristallsoda reizend wirken. Es empfiehlt sich daher, beim Hantieren damit Handschuhe zu verwenden. Es ist basischer als Natriumbicarbonat, daher fettlösender und wirksamer zur Wasserenthärtung. Kristallsoda wirkt außerdem stark fungizid (pilztötend). Da es außerdem sehr hygroskopisch ist, verklumpen die Kristallkörnchen bei Feuchtigkeit. Daher muss man darauf achten, sie trocken zu lagern. In gelöster Form verlieren sie an Wirksamkeit. Sie kommen daher vorzugsweise als Bestandteile von Pulvern bzw. in sofort anzuwendenden Lösungen zum Einsatz.

3 Essig

Chemische Formel: Verdünnte wässrige Lösung der Essigsäue CH_3COOH

Deutsche Bezeichnungen: Essig. Weißer Essig. Haushaltsessig. Tafelessig. Ethansäure. Acetylsäure.
Englische Bezeichnungen: White vinegar.
Liste der Lebensmittelzusatzstoffe: E260

Farblose Flüssigkeit
Mit Wasser mischbar
Ungiftig
Sauer (pH zwischen 2,5 und 3,5)
In Supermärkten und Bioläden erhältlich

Bakterizid (tötet Bakterien ab), desinfizierend, dient zur Bekämpfung von Kalk und Schimmel, macht Wäsche weicher und lässt Geschirr und Scheiben glänzen. Der verwendete Essig soll nicht mehr als 8 % Essigsäure haben.

Mein Trick: Essiggeruch ist nicht hartnäckig, kann aber unangenehm sein. Ich habe immer eine Sprühflasche mit parfümiertem Essig griffbereit.

Bio-Multifunktions-Flüssigreiniger

Die Schalen der Zitrusfrüchte verleihen dem Essig neben ihrem Duft auch eine hübsche gelbe Färbung, die obendrein sehr praktisch ist, um sehen zu können, wohin man ihn sprüht.

Zubehör und Bestandteile
- Ein Einmachglas (1 l) samt dazugehörigem Deckel
- Ein Trichter
- Eine Flasche (½ l)
- Ein Spitzsieb
- Schalen von 4 Zitronen (oder Orangen, Grapefruits)
- 500 ml Essig

Zubereitung
1– Die Zitronen waschen und anschließend mit einem Sparschäler die Schale entfernen. Wenn es sich um Zitronen handelt, die Sie schon ausgepresst haben, müssen Sie das Fruchtfleisch entfernen. Dazu jede halbe Zitrone noch einmal halbieren und die Schale der Zitronenviertel ablösen.
2 – Die Zitronenschalen auf den Boden des Einmachglases legen. Fest zusammendrücken. Mit dem Essig bedecken. Das Glas verschließen. Mindestens eine Woche lang ziehen lassen.
3 – Den Trichter in den Flaschenhals stecken und das Spitzsieb in den Trichter. Den Inhalt des Einmachglases vorsichtig in die Flasche gießen.

Anti-Pilz-Spray mit Zimt und Gewürznelken

Die Anti-Pilz-Wirkung des Essigs wird durch die natürlichen Eigenschaften von Zimt und Gewürznelken verstärkt.

Zubehör und Bestandteile
- Ein Einmachglas (1 l) samt dazugehörigem Deckel
- Ein Spitzsieb
- Ein Trichter
- Eine Sprühflasche (½ l)
- 2 Zimtstangen
- 5–10 Gewürznelken
- Schalen von zwei Orangen
- 500 ml Essig

Zubereitung
1 – Die Zimtstangen und Gewürznelken auf den Boden des Einmachglases legen.
2 – Die Orangen waschen und schälen (das Fruchtfleisch zum Verzehr aufbewahren).
3 – Die Schalen ins Einmachglas hinzufügen. Fest zusammendrücken. Mit dem Essig bedecken. Das Einmachglas verschließen. Mindestens eine Woche ziehen lassen.
4 – Die Sprühflasche aufschrauben. Den Trichter in den Hals der Sprühflasche stecken und das Spitzsieb in den Trichter. Den Inhalt des Einmachglases vorsichtig in die Sprühflasche gießen.

Thymian-Mandarinen-Desinfektionsflüssigkeit

Zubehör und Bestandteile

- Ein Einmachglas (1 l) samt dazugehörigem Deckel
- Ein Spitzsieb
- Ein Trichter
- Eine Flasche (½ l) samt dazugehörigem Verschluss
- 3–5 Zweige Thymian
- Schalen von 4 Mandarinen
- 500 ml Essig

Zubereitung

1 – Die Thymianzweige am Boden des Einmachglases platzieren.
2 – Die Mandarinen waschen und schälen (das Fruchtfleisch zum Verzehr aufbewahren).
3 – Die Schalen ins Einmachglas hinzufügen. Fest zusammendrücken. Mit dem Essig bedecken. Das Einmachglas verschließen. Mindestens eine Woche ziehen lassen.
4 – Den Trichter in den Flaschenhals stecken und das Spitzsieb in den Trichter. Den Inhalt des Einmachglases vorsichtig in die Flasche gießen.

4 Zitronensäure und Zitrone

Chemische Formel: $C(OH)(COOH)(CH_2COOH)_2$

Deutsche Bezeichnungen: Zitronensäure. Citronensäure. 2-Hydroxypropan-1,2,3-tricarbonsäure. 3-Carboxy-3-hydroxyglutarsäure. 2-Hydroxy-1,2,3-propantricarbonsäure
Englische Bezeichnungen: Citric acid. Sour salt. 2-hydroxy-1,2,3-propanetricarboxylic acid. Beta-hydroxytricarballylic acid. 3-carboxy-3-hydroxypentanoic acid.
Liste der Lebensmittelzusatzstoffe: E330

Geruchloser, weißer Feststoff
Wasserlöslich
Ungiftig; rein und als Feststoff kann sie die Haut reizen
Sauer (pH zwischen 2,3 und 3,2)
In Supermärkten und Bioläden erhältlich

Angesichts ihres Namens hatte man schon einen kleinen Verdacht, dass die Zitronensäure irgendwie mit der Zitrone verwandt sein muss. Und in der Tat handelt es sich dabei um jenes Molekül, das für den sauren Geschmack von Zitrusfrüchten und insbesondere der Zitrone verantwortlich ist, die bis zu 7 % davon enthält. Sie tritt als weißes Pulver in Erscheinung. Der wichtigste Vorteil der Zitronensäure ist, dass sie als Feststoff vorliegt, wodurch es möglich wird, sie als Bestandteil von Pulvern zu verwenden. Sie entkalkt, bildet mit Metallionen Komplexe, enthärtet daher Wasser und kann sogar Rost entfernen. Die Zitrone selbst stellt die natürlichste und vielseitigste Form einer Säure dar. Sie wird nicht nur Kalkablagerungen, Fettflecken und Rost wirksam bekämpfen, sondern darüber hinaus noch einen feinen, frischen Zitronenduft hinterlassen.

Natriumbicarbonat und Essig mischen

Überall schießen haufenweise Rezepte für Haushaltsreiniger aus dem Boden, die sowohl Essig als auch Natriumbicarbonat (Natron) enthalten. Essig ist ein saures Reinigungsmittel, Natron ein basisches. Welchen Zweck hat es, die beiden miteinander zu vermischen?

Sehen wir uns genauer an, was passiert, wenn man diese beiden Bestandteile mischt.

Es erfolgt sofort eine chemische Reaktion. Jedes Molekül Essigsäure CH_3COOH reagiert mit einem Molekül Natriumhydrogencarbonat $NaHCO_3$ und bildet dabei perlendes Kohlendioxid CO_2, Wasser H_2O und ein Salz, das Natriumacetat $CH_3COO^-Na^+$.

$$CH_3COOH + NaHCO_3 \text{ -> } CO_2 + H_2O + CH_3COO^-Na^+$$

Die Bildung von perlendem CO_2 sorgt für ein Sprudeln, das Schmutz, Kalk oder Fette aufbricht und ablöst. Der primäre Nutzen des Mischens von Natriumbicarbonat mit Essig liegt daher in diesem unmittelbaren Effekt, den die chemische Reaktion zwischen diesen beiden Stoffen hervorruft. Am Ende dieser Reaktion, die nur einige Sekunden lang dauert, erhält man eine stabile Lösung, die ihre Waschkraft eingebüßt hat.

Aus diesem Grund muss eine Mischung aus Natriumbicarbonat und Essig sofort benutzt werden, um die Sprudelwirkung nutzen zu können.

Das soeben von uns entschlüsselte Modell geht vom Prinzip aus, dass sich in einer Lösung dieselbe Anzahl von Essigsäure- und Natriumbicarbonat-Molekülen befindet. Allerdings ist Essig eine stark verdünnte Lösung der Essigsäure. Daher reicht schon sehr wenig Natriumbicarbonat aus, um den Essig zu neutralisieren: schon knapp ein Esslöffel Natriumbicarbonat für einen Liter Essig. In den meisten Fällen enthält eine Mischung aus Natriumbicarbonat und Essig ein Übermaß an Natriumbicarbonat gegenüber der Essigsäure.

Im Klartext: Eine Mischung aus Essig und Natriumbicarbonat produziert letztlich – sobald sie mehr als einen Esslöffel Natriumbicarbonat pro Liter Essig enthält – eine Lösung, die Natriumbicarbonat und ein Salz enthält, nämlich Natriumacetat. Einer Rezeptur auf Essigbasis Natriumbicarbonat hinzuzufügen, führt lediglich dazu, den Essig zu neutralisieren und ihm seine Reinigungswirkung zu entziehen.

Umgekehrt können Zubereitungen auf Natriumbicarbonat-Basis von ein wenig Essig profitieren, wenn das Wasser sehr hart ist. Das aus der Mischung resultierende Salz ermöglicht es zu verhindern, dass sich die während der Reinigung gelösten Verunreinigungen wieder ablagern. Das ist zum Beispiel dann praktisch, wenn man im Spülbecken händisch abwäscht.

5 Natriumpercarbonat

Chemische Formel: $2Na_2CO_3 \cdot 3H_2O_2$

Deutsche Bezeichnungen: Natriumpercarbonat. Natriumcarbonatperoxohydrat. PCS
Englische Bezeichnungen: Sodium percarbonate. Sodium peroxymonocarbonate. Sodium peroxycarbonate. Sodium carbonate sesquiperhydrate ...

Geruchloser, weißer Feststoff
Wasserlöslich (vor allem in warmem Wasser)
Kann die Haut reizen, mit Handschuhen handhaben
Basisch (pH zwischen 10 und 11)
In Supermärkten und Bioläden erhältlich

Wenn man sich die chemische Formel ansieht, erkennt man rasch, womit man es hier zu tun hat. Natriumpercarbonat ist eigentlich eine Anlagerungsverbindung von Wasserstoffperoxid an Natriumcarbonat. Wenig überraschend: In Wasser gelöst, setzt es einerseits Natriumcarbonat und Wasserstoffperoxid H_2O_2 (auch Perhydrol genannt) frei, nach folgender Gleichung:

$$2Na_2CO_3.3H_2O_2 \text{ -> } 2Na_2CO_3 + 3H_2O_2$$

Das auf diese Weise freigesetzte Natriumcarbonat entfaltet seine fettlösende, reinigende und pilztötende Wirkung. Das Wasserstoffperoxid bleibt nicht lange in dieser Form erhalten und zerfällt seinerseits zu Wasser und so genanntem Aktivsauerstoff. Dieser ist für die oxidierende und bleichende Wirkung des Natriumpercarbonats verantwortlich.

Natriumpercarbonat ist deshalb ein stark und vielfältig wirkender Bestandteil von Waschmitteln in Pulverform. Da es insbesondere in Verbindung mit heißem Wasser wirkt, ist Natriumpercarbonat das bevorzugte Weißwaschmittel für Waschgänge bei Temperaturen von 60 °C und mehr. Man muss nur im Hinterkopf behalten, dass es seine Wirkung rasch einbüßt, sobald es in Wasser gelöst wird. Da also flüssige Mischungen auf Natriumpercarbonat-Basis nicht haltbar sind, muss man sie sofort zum Einsatz bringen.

6 Kochsalz

Chemische Formel: NaCl

Deutsche Bezeichnungen: Salz. Speisesalz. Natriumchlorid. Halit.
Englische Bezeichnungen: Salt. Common salt. Table salt. Sodium chloride.

Weißer, geruchloser Feststoff
Wasserlöslich
Ungiftig
Neutral (pH 7)
In Supermärkten und Bioläden erhältlich

Es ist ein nicht korrosives Scheuermittel, das Flecken löst, Gerüche absorbiert und Wasser enthärtet.

7 Borax

Chemische Formel: $Na_2B_4O_7 . 10H_2O$

Deutsche Bezeichnungen: Borax. Tinkal.
Englische Bezeichnungen: Borax. Sodium borate. Sodium tetraborate ...

Farb- und geruchloser pulvriger Feststoff
Basisch (pH zwischen 9 und 9,5)
Reizt Haut und Atemwege
Wasserlöslich
Antiseptisch (keimreduzierend)
Insektizid (Insekten abtötend)
In Drogerien und Apotheken erhältlich

Borax ist ein natürlich vorkommendes Mineral, häufig gemeinsam mit Natriumcarbonat und anderen alkalischen Carbonaten. Es ist ratsam, bei der Handhabung ausnahmslos Handschuhe zu tragen und zu vermeiden, Ihre entsprechenden Zubereitungen tief einzuatmen.

Es bleibt auch in gelöster Form wirksam und eignet sich daher hervorragend für flüssige Zubereitungen, insbesondere für flüssige Waschmittel. Borax setzt Wasserstoffperoxid mit starker Wasch- und Fleckenentfernungskraft frei. Seine Wirkung erhöht sich, wenn Basen beteiligt sind, und mit steigender Temperatur.

8 Borsäure

Chemische Formel $B(OH)_3$

Deutsche Bezeichnungen: Borsäure. Orthoborsäure. Borofax. Trihydrogenborat.
Englische Bezeichnungen: Boric acid. Orthoboric acid. Boracic acid. Trihydroxyborane. Boron(III) hydroxide.
Liste der Lebensmittelzusatzstoffe: E284.

Schwache Säure, schlecht wasserlöslich
Geruchloser, weißer Feststoff
Starkes Fungizid
In Drogerien und Apotheken erhältlich

In zahlreichen pharmazeutischen Zubereitungen enthalten, wird vor allem wegen seiner antiseptischen, fungiziden und bakteriziden Eigenschaften verwendet. Ist auch ein Insektizid.

9 Tonerden

Arten: Schlämmkreide, Pfeifenerde (auch Kaolin), Grüne Mineralerde (auch Tonerde, Löss), Kieselgur.

In erster Linie mit absorbierender und fleckenlösender Wirkung, darüber hinaus auch Scheuermittel.

Pfeifenerde zur Trockenreinigung von Spannteppichen, Kissen, Leder, Fliesen oder gewachstem Parkett verwenden. Aufgrund ihrer absorbierenden Eigenschaften entfernt sie auch Gerüche oder Urinflecken von Tieren aus einem Sofa.

Schlämmkreide ist vor allem wegen ihrer aufweichenden Eigenschaften gefragt. Gemeinsam mit Schmierseife ist sie Bestandteil von Putzstein. Schlämmkreide reinigt zahlreiche Oberflächen – wie Edelstahl, Kupfer, Zinn, Silber, Metalle im Allgemeinen, Glas, Steingut, Glaskeramik- bzw. Cerankochfelder und Stein, wie Granit und Marmor – und verleiht ihnen Glanz.

Kieselgur kommt vor allem als Insektizid zum Einsatz.

10 Öle

Öle dienen ebenso sehr zur Pflege wie zur Reinigung. In ihren Reihen ist Leinöl ein verkannter Star. Es kommt hauptsächlich bei der Pflege von Holz zur Anwendung. Da es empfindlich ist, muss es geschützt vor Licht und Wärme in einer lichtundurchlässigen Flasche aufbewahrt werden.

Leinöl mit Zimtduft

Der recht kräftige Geruch von Leinöl kann als unangenehm empfunden werden. Dieses Rezept ermöglicht nicht nur, seinen natürlichen Geruch zu kaschieren, sondern verleiht ihm auch eine fungizide Wirkung.

Zubehör und Bestandteile für 500 ml Öl
- Ein Einmachglas (½ l) samt dazugehörigem Deckel
- Ein Spitzsieb
- Ein Trichter
- Eine lichtundurchlässige Flasche (½ l) samt dazugehörigem Verschluss
- 2–3 Zimtstangen
- 2–3 Rosmarinzweige
- Schale einer Grapefruit
- 500 ml Leinöl

Zubereitung
1 – Die Zimtstangen und die Rosmarinzweige ins Einmachglas legen.
2 – Die Grapefruit waschen und dann schälen (das Fruchtfleisch zum Verzehr aufbewahren).
3 – Die Schalen ins Einmachglas hinzufügen. Fest zusammendrücken. Mit dem Öl bedecken. Das Einmachglas verschließen. Mindestens eine Woche ziehen lassen.
4 – Den Trichter in den Flaschenhals stecken und das Spitzsieb in den Trichter. Den Inhalt des Einmachglases vorsichtig in die Flasche gießen.

Alternative: Für ein besonders frisches Ergebnis den Zimt durch ein Stück Eukalyptusrinde ersetzen.

11 Alkohol

Chemische Formel: CH_3CH_2OH

Deutsche Bezeichnungen: Alkohol. Ethanol. Ethylalkohol. Weingeist.
Englische Bezeichnungen: Alcohol. Éthanol.
Liste der Lebensmittelzusatzstoffe: E1510.

Mit Wasser und mit Öl mischbar
Durchsichtige Flüssigkeit
Antiseptisch, Fleckenentferner
Entzündlich, giftig

In Apotheken bekommt man Alkohol mit 70 Volumenprozent (kurz Vol.-%), der auch als Franzbranntwein bezeichnet wird; und in Baumärkten Alkohol mit 90 Vol.-% oder Haushaltsalkohol. Alkohol mit 70 Vol.-% wirkt besser desinfizierend und bakterizid als Alkohol mit 90 Vol.-%. Sobald Haushaltsalkohol mit Wasser verdünnt wird, verstärkt sich seine Desinfektionswirkung. Alkohol mit 90 Vol.-% seinerseits ist ein ausgezeichnetes Lösungsmittel, das sich als nützlicher Fleckenentferner erweisen kann.

Alkohol mit Zitrusfruchtschalen

Ich will Sie nicht dazu ermuntern, Ihre Küche in eine Brauerei zu verwandeln – obwohl ... –, sondern mit Hilfe von Backhefe eine alkoholische Lösung herzustellen, die nach Zitrusfruchtschalen duftet. Die Hefe vergärt den Zucker und wandelt ihn in Alkohol um; dieser Prozess wird als alkoholische Gärung bezeichnet. Die Freisetzung von CO_2 begleitet diese chemische Reaktion. Dabei kann man die Bildung von Gasbläschen beobachten, die an die Oberfläche steigen. Das Einmachglas, in dem die Reaktion stattfindet, darf nicht verschlossen werden. Der Abschluss der Gasbläschenbildung zeigt das Ende des Gärungsprozesses an. Die Hefen bevorzugen moderate Temperaturen. Unterhalb von 15 °C kommt die Gärung nicht in Gang. Oberhalb von 40 °C sterben die Hefen ab. Die Schalen der Zitrusfrüchte enthalten wohlriechende, frische und entfettende Bestandteile, die sich im so entstandenen Alkohol lösen werden.

Zubehör und Bestandteile

- Ein Einmachglas (1 l) mit breitem Hals
- Ein Trichter
- Ein Kaffeefilter
- 5 EL Zucker
- ½ l Wasser
- 1 Säckchen Backhefe
- Schalen von 4 Zitronen oder 2 Orangen bzw. eine Mischung aus beiden

Zubereitung und Anwendung

1 – Den Zucker ins Einmachglas schütten. Einen halben Liter lauwarmes Wasser hinzufügen. Durchmischen, um den Zucker aufzulösen. Die Hefe hinzufügen.
2 – Die Schalen am Boden des Glases so zusammendrücken, dass sie vollständig von Wasser bedeckt sind. Wenn nötig, ein Gewicht hinzufügen, damit sie unterhalb des Wasserspiegels verbleiben. Sollten sie mit Luft in Berührung kommen, könnten sie schimmeln.
3 – Mit einem sauberen Tuch bedecken, um zu verhindern, dass Staub ins Glas gerät. Einen Tag lang an einem warmen Platz stehen lassen.

4 – Am nächsten Tag bilden sich Gasbläschen und steigen an die Oberfläche. Die Gärung hat begonnen. Darauf achten, dass sich die Schalen der Zitrusfrüchte nach wie vor unter Wasser befinden. Wenn erforderlich, wiederum zusammendrücken.
5 – Eine Woche bzw., wenn nötig, bis zu zwei Wochen lang gären lassen. Die Gärung ist abgeschlossen, wenn die Bläschenbildung aufgehört hat.
6 – Den Trichter in den Flaschenhals stecken, dann den Filter im Trichter entfalten. Den Inhalt des Glases in den Trichter leeren. Die so gewonnene alkoholische Lösung wird pur oder in Essig verdünnt angewendet.

12 Die ätherischen Öle

Als wohlriechende und wirkmächtige Konzentrate begnügen sich ätherische Öle nicht damit, bloß zu duften. Sie tragen darüber hinaus auch zur Haushaltsreinigung bei, indem sie ihre fettlösenden, fungiziden, antibakteriellen und antimikrobiellen Eigenschaften entfalten.

Die Zitrusfrüchte eignen sich besonders zum Gebrauch in der Küche, Lavendel für die Waschküche, der Teebaum für das Badezimmer. Mehrere ätherische Öle weisen ein vergleichbares Wirkungsprofil auf. Eine kleine, unvollständige Liste meiner bevorzugten ätherischen Öle, in alphabetischer Reihenfolge:

Eukalyptus: antiseptisch, antibakteriell, antiviral.
Geranium: antiseptisch, fungizid, antibakteriell, Stechmückenabwehr.
Gewürznelke: sehr starke antibakterielle Wirkung mit breitem Spektrum, fungizid, insektizid, antiviral.
Grapefruit: antiseptisch.
Lavendel und Lavandin: antiseptisch, antibakteriell, antiviral, fungizid, Mottenabwehr.
Lorbeer: fungizid, antibakteriell.
Pfefferminze: antiseptisch, antibakteriell, antiviral, fungizid, Entwurmung.
Rose: antiseptisch.
Teebaum: breite antibakterielle Wirkung, fungizid, insektizid, antiviral.
Thymian: antibakterielle Wirkung mit breitem Spektrum, antiviral, insektizid.
Waldkiefer: antiseptisch.
Zedernöl: antiseptisch, fungizid, Mottenabwehr.
Zimt: antiseptisch, sehr starke antibakterielle Wirkung mit breitem Spektrum, antiviral, fungizid, insektizid.
Zitrone: antiseptisch, antibakteriell, antiviral.
Zitronengras: antiseptisch, antibakteriell, Insektenabwehr.

13 Die Seifen

Die Seifenerzeugung erfordert einige Vorsichtsmaßnahmen. Kernseife, wie die Marseiller Seife, wird durch Verseifung von Fettsäuren durch Natriumhydroxid (Ätznatron) gewonnen. Natriumhydroxid wirkt stark ätzend. Es ist unbedingt erforderlich, während der Handhabung Handschuhe zu tragen. Wir wollen hier rückfettende Seife herstellen, das heißt eine Seife mit einem Fettsäureüberschuss gegenüber dem Natriumhydroxid. Auf diese Weise wird das gesamte Natriumhydroxid während der Verseifung aufgebraucht und die resultierende Seife ist nicht aggressiv zur Haut. Deshalb ist eine Präzisionswaage unbedingt erforderlich, um die Menge an Natriumhydroxid genau zu bestimmen. Die Verseifung erfolgt zum überwiegenden Teil während der ersten Stunden nach dem Vermischen der Fettsäuren mit dem Natriumhydroxid. Damit sie vollständig erfolgt und das gesamte Natriumhydroxid verbraucht wird, ist es dennoch erforderlich, einige Tage zuzuwarten. Darum kommt man nicht herum. Man lässt die Seife drei oder vier Wochen lang trocknen, bevor man sie verwendet.

Marseiller Seife mit Olivenöl

Zubehör und Bestandteile

- Haushaltshandschuhe
- Ein Wasserbad
- Eine Präzisionswaage
- Ein Stabmixer
- Ein Thermometer
- Ein Krug (1 l)
- Eine Schüssel
- Backformen aus Silikon (wie für Muffins)
- 400 g Olivenöl
- 49,6 g Natriumhydroxid
- 104 g Wasser

Zubereitung

1 – Die Handschuhe anlegen. Alle Zutaten und das gesamte Zubehör der Rezeptur auf der Arbeitsfläche vorbereiten.
2 – Das Olivenöl in den Krug schütten. Den Krug ins Wasserbad stellen, damit das Öl eine Temperatur von etwa 40–50 °C erreicht.
3 – Das Natriumhydroxid abwiegen. In die Schüssel leeren. Das Wasser abwiegen. Ins Natriumhydroxid leeren. Mischen. Es handelt sich um eine exotherme Reaktion – die resultierende Lösung ist warm.
4 – Den Krug aus dem Wasserbad nehmen. Den Stabmixer anstecken und ins Öl tauchen.
5 – Die Natriumhydroxid-Lösung langsam, aber stetig eingießen und dabei weiter mixen. Es bildet sich sofort eine Emulsion. Weiter mixen, bis ein dicker Brei entsteht.
6 – In die Silikonbackformen füllen. Abkühlen lassen. Mit Frischhaltefolie abdecken.
7 – Zwei Tage lang lichtgeschützt an einem warmen und belüfteten Ort aushärten lassen.
8 – Aus der Backform nehmen. Mindestens drei Wochen lang an einem warmen und belüfteten Ort trocknen und aushärten lassen.

Marseiller Seife mit Lavendel

Dasselbe Rezept wie oben. Nach Schritt 5 einen Teelöffel Lavendelöl hinzufügen.

Recycling-Fleckenseife aus Seifenresten

Zubehör und Bestandteile
- Eine Küchenreibe oder ein Standmixer
- Ein Kochtopf
- Backformen aus Silikon (wie für Muffins)
- 100 g Seifenreste
- 200 ml Wasser
- 50 g Pfeifenerde (Kaolin)

Zubereitung und Anwendung
1 – Die Seife sehr fein reiben. Mit dem Wasser in den Kochtopf leeren. Sanft erwärmen, um die Seife aufzulösen.
2 – Wenn die Seife geschmolzen ist, den Kochtopf vom Herd nehmen. Die Pfeifenerde hinzufügen. Durchmischen, um sie in die geschmolzene Seifenmasse einzuarbeiten.
3 – In die Silikonbackformen füllen. An einem warmen, trockenen und belüfteten Ort zwei oder drei Tage lang trocknen lassen. Wenn nötig, zusammendrücken. Vorsichtig aus den Backformen lösen, die Seifen sind noch feucht und weich. Den Trockenvorgang mindestens vier Wochen lang fortsetzen.

14 Schmierseife
Schmierseife unterscheidet sich von Marseiller Seife (Französische Kernseife) dadurch, dass als Grundlage für die Verseifung Kalium und nicht Natriumhydroxid verwendet wird. Das Ergebnis ist eine weiche Seife, mit der zu hantieren oft schwierig ist. Aus diesem Grund sind flüssige Schmierseifen oft einfacher dosierbar.

15 Putzstein
Das Multifunktionsprodukt schlechthin. Es erscheint in Form eines sehr kompakten Pulvers und ist praktisch unbegrenzt haltbar.

Zubehör und Bestandteile
- Ein breiter und flacher Topf mit etwa 300 ml Fassungsvermögen samt dazugehörigem Deckel
- Eine Schüssel
- 100 g Schlämmkreide
- 50 g Natriumbicarbonat
- 75 g flüssige Schmierseife
- 30 Tropfen ätherisches Zitronenöl

Zubereitung und Aufbewahrung
1 – Die Schlämmkreide und das Natriumbicarbonat in die Schüssel leeren. Mischen.
2 – Die Schmierseife und das Zitronenöl ergänzen. Durchmischen, um eine Paste zu erhalten.
3 – Diese in den Topf leeren, kräftig flachdrücken und eine gleichmäßig hohe Oberfläche herstellen.
4 – Über Nacht an einem warmen und trockenen Ort trocknen lassen. Den Putzstein wiederum zusammendrücken. Den Trockenvorgang über zwei oder drei weitere Tage fortsetzen.
5 – Den Topf verschließen und an einem trockenen Ort aufbewahren.

Bade-ZIMMER

Das Badezimmer. Man entspannt sich dort gerne, verbringt aber ungern Zeit damit, es zu putzen. Das hat auch die Industrie verstanden und verkauft zu gesalzenen Preisen Wundermittel. Nehmen wir zum Beispiel die Produkte für die Reinigung der WC-Schüssel. Wir alle wissen: Die WC-Schüssel ist schmutzig, voller Keime und Bakterien und riecht auch noch schlecht. Igitt! Man stellt sich für deren Reinigung etwas Hochkomplexes und Superstarkes vor, etwas, das für die Normalsterblichen, die wir sind, unerreichbar ist. Wenn man aber genauer hinsieht, dann halten die Hersteller von Haushaltsreinigern die Konsumenten ordentlich zum Narren. Das Wundergel mit 5-fach-Effekt, das die Bakterien mit seiner Kraft in Angst und Schrecken versetzt, enthält in Wahrheit vor allem Zitronensäure, Verdickungsmittel und Duftstoffe. Von einem Wundermittel kann also wirklich keine Rede sein – sein blaues Wunder erlebt man höchstens beim Zahlen an der Kasse ...

Flüssigreiniger
mit Zitronen-
grasduft

Das Waschbecken

Wir haben jeden Tag so oft mit unserem Waschbecken zu tun, dass es besonderes Augenmerk verdient. Um einer so intensiven Nutzung zu begegnen, ist eine regelmäßige Reinigung unbedingt erforderlich.

Essig-Express-Spray

Zahnpastaspuren? Rasierschaumreste? Am einfachsten ist es immer noch, mit diesem Express-Spray sofort sauberzumachen.

Zubehör und Bestandteile für eine 1-Liter-Sprühflasche

- Eine 1-l-Sprühflasche
- Ein Trichter
- ½ l Wasser
- ½ l Essig
- Etwa 20 Tropfen ätherisches Eukalyptusöl

Zubereitung und Anwendung

1 – Den Trichter in den Flaschenhals stecken. Erst das Wasser, dann den Essig und die Tropfen ätherisches Öl einfüllen. Schütteln.
2 – Auf das Waschbecken sprühen. Mit einem Mikrofasertuch abwischen.

Kraftvoller flüssiger Multifunktionsreiniger mit Zitronengrasduft

Ihr Mann für alle Fälle. Natürlich reinigt er das Waschbecken, aber auch die Fliesen oder die Dusche. Wird pur mit einem Schwamm gegen den hartnäckigsten Schmutz oder mit warmem Wasser verdünnt auf größeren Flächen angewendet.

Zubehör und Bestandteile für etwa 2 Liter Reinigungsflüssigkeit

- Ein 2-l-Kanister
- Ein Trichter
- 1,5 l warmes Wasser
- 3 EL Natriumbicarbonat
- 1 Glas flüssige Schmierseife
- 1 TL ätherisches Zitronengrasöl

Zubereitung

1 – Das warme Wasser in den Kanister leeren. Den Trichter in die Öffnung des Kanisters stecken. Das Natriumbicarbonat und dann die Seife hinzufügen. Den Kanister verschließen. Zum Auflösen schütteln.
2 – Das ätherische Öl hinzufügen. Schütteln.
3 – Pur oder verdünnt auf allen zu reinigenden Oberflächen anwenden. Mit Wasser nachspülen.

Flüssig-
reiniger
„Schwarze
Seife"

Natriumbicarbonat-Scheuermilch

Das Natriumbicarbonat spielt eine zweifache Rolle, es wirkt mechanisch und chemisch. Die feinen Partikel sind ein sanftes Scheuermittel und die Natriumionen tragen dazu bei, Kalkspuren zu entfernen. Es ist wichtig, die Scheuermilch vor jeder Verwendung kräftig zu schütteln oder mit einem Löffel umzurühren, um die Natriumbicarbonat-Partikelchen wieder in der Milch zu verteilen.

Zubehör und Bestandteile für etwa 500 ml Scheuermilch
- Ein ca. 500-ml-Einmachglas
- 100 g Natriumbicarbonat
- 1 Glas Wasser
- 1 Glas flüssige Schmierseife
- Etwa 20 Tropfen ätherisches Zitronenöl

Zubereitung und Anwendung
1 – Alle Bestandteile in das Einmachglas leeren. Mit einem Löffel umrühren, um eine Creme zu erhalten.
2 – Den Inhalt eines Esslöffels auf die zu reinigende Fläche aufbringen. Mit einem feuchten Schwamm oder einer Bürste scheuern. Mit einem weichen Tuch abwischen.

Sofort-Scheuermilch mit Schlämmkreide

Schlämmkreide ist ein sanftes Scheuermittel. Ihre Reinigungskraft wird hier durch das Zusammenwirken mit der flüssigen Schmierseife verstärkt. Es handelt sich um eine Einmal-Anwendung, schnell gemacht und trotzdem wirkungsvoll.

Zubehör und Bestandteile
- Eine Bürste
- 2 EL Schlämmkreide
- 1 EL flüssige Schmierseife

Zubereitung und Anwendung
1 – Das Waschbecken nass machen. Mit Schlämmkreide bestäuben. Mit der flüssigen Schmierseife übergießen.
2 – Scheuern. Mit Wasser abspülen. Mit einem weichen Tuch trockenwischen.

Desinfektionsspray auf Alkoholbasis

Wenn es einen Ort gibt, den man sich blitzsauber und tadellos wünscht, dann das Badezimmer. Alkohol ist ein starkes Desinfektionsmittel. In dieser Zubereitung findet er gemeinsam mit antiseptischen ätherischen Ölen Verwendung.

Zubehör und Bestandteile für etwa 750 ml Spray
- Eine 75-cl-Sprühflasche
- Ein Trichter
- ½ l Wasser
- 100 ml Essig
- 100 ml Alkohol (70 Vol.-%)
- 10 Tropfen Lavendelöl
- 10 Tropfen ätherisches Teebaumöl

Zubereitung und Anwendung
1 – Den Trichter in den Hals der Sprühflasche stecken. Alle Bestandteile einfüllen. Schütteln.
2 – Alle zu desinfizierenden Flächen besprühen. Mit einem Mikrofasertuch abwischen.

Die Badewanne und die Duschtasse

Multifunktions-Reinigungspulver mit Marseiller Seife

Reinigungspulver ist per Definition konzentrierter als ein Gel oder eine Flüssigkeit. Dank seines Streuverschlusses ist es leicht anzuwenden und braucht in Schränken nur wenig Platz. Je feiner die Marseiller Seife gerieben wurde, desto wirksamer ist sie.

Zubehör und Bestandteile für etwa 250 g Pulver

- Ein 500-ml-Einmachglas mit Streuverschluss
- Ein Reibeisen
- Eine Bürste
- 50 g Marseiller Seife
- 200 g Natriumbicarbonat
- 20 Tropfen ätherisches Öl Ihrer Wahl

Zubereitung und Anwendung

1 – Die Marseiller Seife mit dem Reibeisen fein reiben. Ins Einmachglas schütten.
2 – Das Natriumbicarbonat und das ätherische Öl hinzufügen. Mischen.
3 – Auf alle zu reinigenden Flächen streuen. Mit einer Bürste scheuern. Mit Wasser abspülen. Mit einem Mikrofasertuch trockenwischen.

Ananas-Schwamm

Alles an der Ananas ist gut. Doch, doch, garantiert! Alle Teile der Ananas, das Fruchtfleisch, der Strunk in ihrem Herzen, die Rinde und sogar der Blattschopf enthalten Bromelain, das zu den Proteasen gehört, das heißt ein Enzym, das die Peptidbindungen von Proteinen spaltet. Okay, danke für die Info - aber was hat das mit meiner Badewanne zu tun? Wenn man sich wäscht, werden abgestorbene Hautpartikel und Haare mit der Seife abgelöst und lagern sich an den Wänden der Wanne ab. Diese Ablagerungen aber bestehen in erster Linie aus Proteinen. Das Bromelain kann diese Moleküle in kleine Stückchen zerlegen, die leichter wasserlöslich sind – und die Reinigung so erleichtern.

Bestandteile für eine Badewanne
- 1 Glas grobes Salz
- Ananasrinde und/oder Ananasblattschopf

Anwendung
1 – Die Badewanne nass machen und mit grobem Salz bestreuen.
2 – Ein Stück Ananasrinde zur Hand nehmen und den Anschnitt mit grobem Salz bedecken.
3 – Alle Flächen mit der Rinde abreiben. Von Zeit zu Zeit anheben, damit sich stets Salz zwischen Rinde und Wanne befindet. Die am stärksten verunreinigten Stellen besonders bearbeiten. Mit einem anderen Stück Rinde weitermachen, sobald das bisherige an Wirkung verliert.
4 – Mit Wasser nachspülen, um die Salz- und Ananasreste zu entfernen. Mit einem Mikrofasertuch trockenwischen.

Borax-Rostschutz

Borax ist ein Mineral, das sich hauptsächlich im tonhaltigen Untergrund ausgetrockneter Seen findet. Es ermöglicht das Beizen von Metallen. Die Säure der Zitrone in Verbindung mit dem Borax macht es möglich, Rost aus einer Email- oder Keramikbadewanne zu entfernen.

Bestandteile für eine Badewanne
- 1 Glas Borax
- 1 oder 2 Zitronen

Anwendung
1 – Die Badewanne nass machen und mit Borax bestreuen.
2 – Die Zitrone(n) in zwei Hälften schneiden. Eine halbe Zitrone zur Hand nehmen und den Anschnitt mit Borax bedecken.
3 – Alle Flächen mit der Zitronenhälfte abreiben. Leicht zusammendrücken, um etwas Saft herauszupressen, und von Zeit zu Zeit anheben, damit sich stets Borax zwischen dem Anschnitt der Zitrone und der Wanne befindet. Die am stärksten von Rost befallenen Stellen besonders bearbeiten.
4 – Mit der nächsten Zitronenhälfte weitermachen, sobald der Saft verbraucht ist.
5 – Mit Wasser nachspülen, um die Reste des Borax und des Zitronenfruchtfleischs zu entfernen. Mit einem Mikrofasertuch trockenwischen.

Die Duschtüren

Entkalkungsmittel Zwei in Einem

Kalk besteht aus Ablagerungen von Kalziumcarbonat, die sich in einer sauren Umgebung auflösen. Um Kalk loszuwerden, kann schon Essig allein ausreichen, aber um dessen Wirkung zu erhöhen, gibt es nichts Besseres als die kombinierte Wirkung von Essig und Natriumbicarbonat. Das Verfahren beinhaltet als ersten Schritt das Aufsprühen von Essig, um den Kalk anzugreifen. Die Anwendung von Natriumbicarbonat als zweiter Schritt bewirkt ein leichtes Freiwerden von prickelndem CO_2 in Form eines sprudelnden Schaums, der die restlichen Kalkspuren ablöst. Ich parfümiere das Natriumbicarbonat gerne mit ätherischen Ölen. Ich bereite immer eine größere Menge davon vor und bewahre diese in einem luftdicht verschlossenen Einmachglas auf.

Zubehör und Bestandteile
- Eine Essigsprühflasche
- Ein Einmachglas (etwa 300 ml) samt dazugehörigem Deckel
- Eine Bürste
- Ein Glas Natriumbicarbonat
- Etwa 20 Tropfen ätherisches Lavendelöl

Zubereitung und Anwendung
1 – Den Essig auf der gesamten Oberfläche der Duschtüren versprühen.
2 – Das Natriumbicarbonat ins Einmachglas leeren. Das Lavendelöl hinzufügen. Mischen.
3 – Mit der Bürste ein bisschen etwas von der Natriumbicarbonat-Mischung entnehmen. Die Duschwände abreiben. Die chemische Reaktion des Natriumbicarbonats mit dem Essig bewirkt ein leichtes Freiwerden von prickelndem CO_2, das sich in Form eines feinen, sprudelnden Schaums bemerkbar macht.
4 – Mit Wasser abspülen, dann mit einem Duschabzieher nacharbeiten, um Wasserspuren zu beseitigen.

Vorsicht: Natriumbicarbonat kann weiße Spuren hinterlassen. Es muss mit reichlich Wasser abgespült werden. Diese Methode daher nicht für die Außenwände der Dusche anwenden.

Essig-Entkalkungsmittel

Schlechte Nachrichten! Um den Kalk auf der Außenseite der Dusche loszuwerden, kommt man ums Schrubben nicht herum.

Zubehör und Bestandteile für etwa zehn Anwendungen
- 1-l-Sprühflasche
- Ein Trichter
- 1 l Essig
- Etwa 20 Tropfen ätherisches Grapefruitöl

Zubereitung und Anwendung
1 – Den Trichter in den Hals der Sprühflasche stecken. Den Essig und das ätherische Öl hineinleeren. Zum Mischen schütteln.
2 – Den Essig auf den Wänden versprühen. Etwa dreißig Minuten einwirken lassen.
3 – Mit einer Bürste abschrubben. Mit einem Mikrofasertuch trockenwischen.

DUSCHABZIEHER
Besser vorsorgen als heilen, sagt der Volksmund. Wie wahr, gerade auch, was den Kalk angeht! Die beste Art, sich Kalk zu ersparen, ist zu vermeiden, dass er sich bildet. Legen Sie sich einen Abzieher in die Dusche. Entfernen Sie nach jedem Gebrauch die Wassertropfen, indem Sie mit dem Abzieher über die Duschtüren wischen. Wirkt garantiert!

Algen und Schimmel loswerden

Es ist unvermeidlich! Das Badezimmer und insbesondere die Dusche sind ein feuchtes Milieu. Es bilden sich Algen und Schimmel. Um diese grünlichen Spuren in den Winkeln und Fugen der Dusche loszuwerden, gibt es zum Glück mehrere Möglichkeiten.

Borax-Antialgenmittel

Bestandteile für eine Dusche
- Eine Bürste oder eine Zahnbürste für kleine Ritzen
- ½ Glas Borax
- ½ Glas Essig

Zubereitung und Anwendung
1 – Das Borax in einen Topf leeren. Den Essig hinzufügen, um eine Paste zu erhalten.
2 – Eine kleine Portion entnehmen, auf die grünlichen Spuren auftragen und mit einer Bürste schrubben. Mit Wasser nachspülen.
3 – Bei hartnäckigen Spuren Schritt 2 wiederholen, dann vor dem neuerlichen Schrubben eine Stunde einwirken lassen.

Borsäure-Antialgenmittel

Borsäure ist ein ungefährliches, hochwirksames Fungizid.

Bestandteile für eine Dusche
- Eine Bürste
- 1 Glas Borsäure

Anwendung
1 – Die zu behandelnde Oberfläche befeuchten.
2 – Mit einer Bürste oder einem Schwamm ein wenig Borsäure entnehmen. Schrubben. Mit Wasser abspülen.

Lorbeer-Antischimmelmittel

Ätherisches Lorbeeröl ist ein starkes Fungizid. Es kann auch durch ätherisches Geranium- oder Gewürznelkenöl ersetzt werden.

Zubehör und Bestandteile für ein 200-g-Glas

- Ein 300-ml-Einmachglas samt dazugehörigem Streuverschluss
- Eine Bürste
- 2 Gläser Natriumbicarbonat
- 1 TL ätherisches Lorbeeröl

Zubereitung und Anwendung

1 – Alle Bestandteile ins Glas schütten. Mischen.
2 – Eine kleine Portion entnehmen, auf den grünlichen Spuren auftragen und mit einer Bürste schrubben. Mit Wasser nachspülen.
3 – Bei hartnäckigen Spuren Schritt 2 wiederholen, dann vor dem neuerlichen Schrubben eine Stunde einwirken lassen.

TÄGLICH ZU ERLEDIGENDE HANDGRIFFE IM BADEZIMMER

Wir sind uns alle einig: Das Badezimmer zu schrubben, zählt nicht zu den aufregendsten Momenten des Wochenendes. Es gibt einen Weg, diese Aufgabe weniger mühsam zu gestalten: einige wenige einfache Handgriffe jeden Tag:
1 – Das Waschbecken ausspülen und abwischen.
2 – Den Abzieher in der Dusche einsetzen.
3 – Die Handtücher trocknen, indem man sie auf den Handtuchheizkörper hängt – oder an einen trockenen und gut belüfteten Platz.
4 – Den Badezimmerteppich trocknen.
5 – Nach Gebrauch Kosmetikprodukte, Bürsten und Schminkzeug wegräumen.

Die Armaturen

Duschköpfe und Wasserhähne haben die unerfreuliche Neigung, viel zu schnell zu verkalken. Da hilft nur mehr eine Radikalkur.

Essig-Entkalker

Bestandteile für etwa 20 Reinigungen

- Eine Sprühflasche mit Essig

Anwendung

1 – Den Essig auf den Kalkablagerungen versprühen.
2 – Ein Tuch mit heißem Wasser befeuchten. Um den Wasserhahn wickeln. Zwanzig Minuten lang einwirken lassen. Mit einem Mikrofasertuch abwischen.

Zitronensäure-Entkalker

Bestandteile für die Reinigung aller Wasserhähne des Badezimmers

- 1 kleines Glas Zitronensäure

Anwendung

1 – Wasserhähne und deren unmittelbare Umgebung befeuchten. Die zu bearbeitenden Bereiche großzügig mit Zitronensäure bestreuen.
2 – Ein Tuch mit heißem Wasser befeuchten. Um den Wasserhahn wickeln. Zwanzig Minuten lang einwirken lassen. Mit einem Mikrofasertuch abwischen.

Zitronen-Entkalker

Bestandteile für die Reinigung aller Wasserhähne des Badezimmers

- 1 Zitrone

Anwendung

1 – Die Zitrone in zwei Hälften schneiden. Mit dem Anschnitt der Zitrone die Kalkspuren abreiben.
2 – Mit einem Mikrofasertuch abwischen.

Duschkopf-Entkalker mit heißem Essig

Die Temperatur steigert die Säurewirkung des Essigs und beschleunigt seine Antikalk-Wirkung.

Zubehör und Bestandteile für einen Duschkopf

- Ein kleiner Eimer
- Eine Bürste
- ½ l Essig
- ½ l kochendes Wasser

Zubereitung und Anwendung

1 – Das kochende Wasser und den Essig in den Eimer leeren.
2 – Den Duschkopf mindestens eine Stunde lang eintauchen. Wenn nötig abschrubben. Mit Wasser abspülen. Mit einem Mikrofasertuch abwischen.

Wand- und Bodenfliesen

Multifunktions-Reinigungs-flüssigkeit mit flüssiger Schmierseife

Die einfachsten Rezepte sind oft die besten. Nichts reinigt Badezimmerfliesen so gut wie ein bisschen flüssige Schmierseife.

Zubehör und Bestandteile für 1 Liter

- Eine Flasche (1 l) samt dazugehörigem Verschluss
- 800 ml warmes Wasser
- 3 EL flüssige Schmierseife
- 20–30 Tropfen ätherisches Eukalyptusöl

Zubereitung und Anwendung

1 – Das warme Wasser in die Flasche schütten. Die Seife hinzufügen. Zum Mischen schütteln.
2 – Das ätherische Öl hinzufügen.
3 – Auf allen zu reinigenden Flächen zur Anwendung bringen: Jeweils eine Verschlusskappe Reiniger mit einem Liter warmem Wasser verdünnen.

Essig-Schimmelentferner

Poröse Fugen sind wundervolle Nester für die Schimmelbildung. Der Schimmel wird aber der kombinierten Kraft von Essig und Natriumbicarbonat nicht lange standhalten. Die Rezeptur erlaubt die Zubereitung einer großen Menge Natriumbicarbonat-Pulver mit Lavendelöl. Vor Feuchtigkeit geschützt lagern.

Zubehör und Bestandteile

- Eine Sprühflasche Essig
- Ein etwa 300-ml-Einmachglas
- 200 g Natriumbicarbonat
- 20 Tropfen ätherisches Lavendelöl

Zubereitung und Anwendung

1 – Den Essig auf dem Schimmel versprühen. 30 Minuten einwirken lassen; falls der Schimmel verkrustet ist, über Nacht einwirken lassen.
2 – Das Natriumbicarbonat ins Einmachglas füllen. Das ätherische Öl hinzufügen. Mischen.
3 – Mit einem Schwamm ein wenig Natriumbicarbonat-Mischung entnehmen. Den Schimmel abbürsten. Die chemische Reaktion des Natriumbicarbonats mit dem Essig bewirkt ein leichtes Freiwerden von prickelndem CO_2 in Form eines sprudelnden Schaums, der die restlichen Verkrustungen löst.
4 – Mit frischem Wasser abspülen.

Fliesenglanzmittel mit Kartoffel-Kochwasser

Die beim Kochen der Kartoffeln freigesetzte Stärke ist ein ausgezeichnetes Tensid, das den Fliesen wieder Glanz verleiht.

Bestandteile
- Kartoffel-Kochwasser

Anwendung
1 – Das Kartoffel-Kochwasser auf die Fliesen leeren. 5 Minuten einwirken lassen. Mit einem Schrubber abbürsten.
2 – Mit Wasser abspülen.

Schimmelentferner auf Alkoholbasis

Schimmel ist ein Pilz, der sich im Wasser bildet, aber Alkohol nicht standhält.

Zubehör und Bestandteile für eine ½-Liter-Sprühflasche
- ½-l-Sprühflasche
- Ein Trichter
- 200 ml Alkohol (70 Vol.-%)
- 200 ml Essig
- 20 Tropfen ätherisches Öl nach Wahl: Pfefferminze, Geranium, Zimt, Lavendel, Teebaum

Zubereitung und Anwendung
1 – Den Trichter in den Flaschenhals stecken. Alle Bestandteile einfüllen. Zum Mischen schütteln.
2 – Den Schimmel mit der Mischung besprühen. Schrubben.

Natriumpercarbonat-Schimmelentferner

Natriumpercarbonat wirkt so ähnlich wie Aktivsauerstoff. Es ermöglicht, Schimmel zu entfernen. Einmal in Wasser gelöst, nimmt seine Aktivität innerhalb weniger Stunden ab. Es ist daher von Vorteil, nur jene Menge herzustellen, die Sie jeweils für eine Anwendung benötigen. Zögern Sie nicht, die jeweiligen Mengen, wenn erforderlich, zu reduzieren.

Zubehör und Bestandteile
- Eine 500-ml-Sprühflasche
- Ein Trichter
- 1 Glas Natriumpercarbonat
- 2 Gläser heißes Wasser
- Etwa 20 Tropfen ätherisches Teebaumöl

Zubereitung und Anwendung
1 – Den Trichter in den Flaschenhals stecken. Alle Bestandteile einfüllen. Zum Mischen schütteln.
2 – Den Schimmel mit der Mischung besprühen. Schrubben.

Natrium-
bicarbonat

Sanfte Schieferpflege

Schiefer ist empfindlich und verdient ihr gründliches Augenmerk. Mit Leinöl geschützt, wird es weniger leicht fleckig.

Zubehör und Bestandteile für 1 Liter
- Ein 1-l-Kanister mit dazugehörigem Verschluss
- Ein Trichter
- 1 EL flüssige Schmierseife
- 3 EL Leinöl
- Etwa 20 Tropfen ätherisches Eukalyptusöl
- 800 ml Wasser

Zubereitung und Anwendung
1 – Den Trichter in die Öffnung des Kanisters stecken. Alle Bestandteile einfüllen. Zum Mischen schütteln.
2 – Ein Mikrofasertuch mit diesem Gemisch benetzen und auf der Schieferoberfläche aufbringen. Wiederholen, bis die gesamte Fläche behandelt ist.

Express-Spray Schiefer spezial

Eine Reinigung mit Natriumbicarbonat genügt in den meisten Fällen. Einziger Nachteil: Es hinterlässt weiße Spuren – die man loswird, indem man dem Wasser, mit dem man nachspült, Essig hinzufügt.

Zubehör und Bestandteile für einen Liter
- Eine 1-l-Sprühflasche
- Ein Trichter
- 1 Glas Natriumbicarbonat
- 700 ml Wasser
- Ein Eimer
- Ein Bodenwischlappen
- 1 Glas Essig

Zubereitung und Anwendung
1 – Den Trichter in den Hals der Sprühflasche stecken. Das Natriumbicarbonat einfüllen. Mit Wasser auffüllen. Zum Homogenisieren schütteln.
2 – Die Schieferoberfläche besprühen. Abbürsten.
3 – Den Eimer mit Wasser füllen. Den Essig hinzufügen. Einen Bodenwischlappen eintauchen und die gesamte Fläche abwischen, um das überschüssige Natriumbicarbonat zu entfernen.

Marmorreinigungsflüssigkeit

Es wäre schade, einen so schönen Stein zu verderben. Schlämmkreide reinigt und frischt den Glanz durch seine Absorptionsfähigkeit und leichte Scheuerwirkung sanft wieder auf.

Zubehör und Bestandteile
- Ein Einmachglas (etwa 500 ml)
- Ein Schwamm
- 1 Glas Schlämmkreide
- 3 Gläser Wasser

Zubereitung und Anwendung
1 – Die Schlämmkreide und das Wasser ins Einmachglas leeren. Mischen. Man erhält eine Paste.
2 – Von dieser Paste mit einem feuchten Schwamm ein nussgroßes Stück entnehmen. Schrubben.
3 – Mit reichlich Wasser nachspülen. Mit einem Mikrofasertuch abwischen.

Badezimmerteppiche waschen

Wie angenehm ist es doch, den Fuß beim Verlassen der Dusche auf einen weichen Teppich zu setzen. Bloß: Der Teppich, der anschließend auf dem Boden verbleibt, trocknet langsam und schlecht, was das Auftreten von Schimmel begünstigt. Das Badezimmer ist der wärmste Raum im Haus, was Bakterien lieben, die diesen armen Teppich kolonisieren werden.
Keine Panik, es gibt mehrere Lösungen. Die erste betrifft jene Teppiche, die man in der Waschmaschine waschen kann. Kein Problem, es genügt, dabei die Pflegehinweise zu befolgen.
Im Fall jener Teppiche, deren Unterseite eine Antirutsch-Beschichtung aus Gummi aufweisen und die nicht in der Waschmaschine gewaschen werden können, ist eine Handwäsche erforderlich.

Teebaumöl-Desinfektionsmittel

Zubehör und Bestandteile für 1 Liter

- Eine Sprühflasche
- Ein Trichter
- ½ l Essig
- ½ l Wasser
- Etwa 20 Tropfen ätherisches Teebaumöl

Zubereitung und Anwendung

1 – Den Trichter in den Hals der Sprühflasche strecken. Alle Bestandteile einfüllen. Schütteln.
2 – Beide Seiten des Teppichs besprühen. Absaugen.

Natriumbicarbonat-Trockenshampoo

Zubehör und Bestandteile

- Eine Bürste
- 1 Glas Natriumbicarbonat

Anwendung

1 – Das Natriumbicarbonat auf den Teppich streuen. Mit einer Bürste verteilen und einarbeiten.
2 – Absaugen.

Glasoberflächen

Maisstärke-Reinigungsspray für Glasoberflächen

Ein streifenfreier, blitzsauberer Spiegel dank Maisstärke? Soll das ein Witz sein? Eine Glasoberfläche wirkt vielleicht glatt, aber auf mikroskopischer Ebene ist sie es nicht. Wenn man daher Wasser auf einer gläsernen Oberfläche zerstäubt, fängt es sich in den winzigen Unebenheiten. Wassertropfen haben darüber hinaus die Neigung, wegen der Kraft der Wasserstoffbrückenbindungen aneinanderhaften zu bleiben. Beide Phänomene tragen dazu bei, dass sich bei der Reinigung des Spiegels Streifen bilden. Es ist erstaunlich, aber die Zugabe von ein wenig Maisstärke in die Reinigungsflüssigkeit von Glasoberflächen wirkt als Tensid, stört das Gleichgewicht der Wasserstoffbrückenbindungen zwischen den Wassermolekülen und hinterlässt saubere, blitzblanke Flächen. Die Maisstärke neigt dazu, sich am Boden der Sprühflasche abzusetzen. Daher vor jedem Gebrauch gut schütteln.

Zubehör und Bestandteile für 1 Liter
- Eine Sprühflasche (1 l)
- Ein Trichter
- 100 ml Essig
- 100 ml Alkohol (70 Vol.-%)
- 500 ml Wasser
- 1 EL Maisstärke
- 10 Tropfen ätherisches Zitronenöl

Zubereitung und Anwendung
1 – Den Trichter in den Hals der Sprühflasche strecken. Alle Bestandteile in die Sprühflasche füllen. Schütteln.
2 – Auf die Glasoberflächen sprühen. Mit einem Mikrofasertuch abreiben.
3 – Mit dem Tuch oder Zeitungspapier abtrocknen.

Reinigungsspray für Glasoberflächen mit flüssiger Schmierseife

Ein wenig flüssige Schmierseife ermöglicht die Reinigung sogar der schmutzigsten Scheiben und Spiegel. Das heiße Wasser erleichtert die Auflösung der Seife.

Zubehör und Bestandteile für 1 Liter
- Eine Sprühflasche (1 l)
- Ein Trichter
- 500 ml heißes Wasser
- 1 EL flüssige Schmierseife
- 100 ml Essig
- 100 ml Alkohol (70 Vol.-%)
- 10 Tropfen ätherisches Geraniumöl

Zubereitung und Anwendung
1 – Den Trichter in die Flasche stecken. Das heiße Wasser hineinleeren. Die flüssige Schmierseife hinzufügen. Kräftig schütteln, um die Seife aufzulösen.
2 – Die restlichen Bestandteile hinzufügen. Schütteln.
3 – Auf die Glasoberflächen sprühen. Mit einem Mikrofasertuch abreiben.
4 – Mit dem Tuch oder Zeitungspapier abtrocknen.

Rohe Kartoffel

Eine in zwei Hälften geschnittene Kartoffel wirkt Wunder beim Reinigen des Spiegels.

Bestandteile
- Eine rohe Kartoffel
- Eine Sprühflasche mit Essig

Anwendung
1 – Die Kartoffel in zwei Hälften schneiden.
2 – Den Spiegel mit dem Anschnitt der Kartoffel abreiben.
3 – Ein bisschen Essig auf ein Mikrofasertuch sprühen und den Spiegel abwischen.

Feuchtigkeit bekämpfen

Einen eigenen Luftentfeuchter herstellen

Nichts bekämpft Feuchtigkeit besser als ein Luftentfeuchter. Das grobe Salz fängt die Feuchtigkeit ein, die am Boden der Flasche kondensiert. Vergessen Sie nicht, dieses Wasser regelmäßig zu entleeren und das Salz von Zeit zu Zeit auszutauschen.

Zubehör und Bestandteile für einen Luftentfeuchter

- Eine große leere Plastikflasche
- Eine Kompresse (Wundauflage)
- Etwa 100 g grobes Salz
- 2 Gummibänder
- 10 Tropfen ätherisches Lavendelöl (wahlweise)

Anwendung

1 – Die Flasche auf zwei Drittel ihrer Höhe abschneiden.
2 – Die Kompresse auf dem Ausguss platzieren und mit den Gummibändern fixieren.
3 – Den oberen Teil der Flasche umdrehen, sodass der Ausguss sich unten befindet und einen Trichter bildet; anschließend in den unteren Teil der Flasche stecken.
4 – Das grobe Salz in den Trichter leeren. Das ätherische Öl hinzufügen.

Alternativ: Ton an Stelle des groben Salzes verwenden.

Feuchtigkeit mit Pflanzen bekämpfen

Das feuchtwarme Klima des Badezimmers stellt eine ideale Umgebung für die Entstehung von Schimmel und Bakterien dar. Ein paar einfache Handgriffe genügen, um zu verhindern, dass die Feuchtigkeit sich dauerhaft breitmacht.

1 – Lüften. Wenn Ihr Badezimmer ein fensterloser Raum ist, könnte der Einbau einer entsprechenden Be- und Entlüftungsanlage Abhilfe schaffen.
2 – Luftentfeuchter herstellen (siehe linke Seite).
3 – Pflanzen aufstellen. Jawohl, Pflanzen. Sie haben gehört, und zwar immer wieder, dass Pflanzen einer zu trockenen Umgebung Feuchtigkeit zuführen? Das stimmt auch. Aber nicht alle. Insbesondere tropische Pflanzen spielen eine umgekehrte Rolle.

Spathiphyllum (Scheidenblatt)
Das Scheidenblatt braucht wenig Licht und Pflege. Es ist in der Lage, einen Teil seines Wasserbedarfs über die Blätter zu absorbieren, was es zu einem hervorragenden Verbündeten im Kampf gegen Feuchtigkeit macht. Sahnehäubchen: Es reinigt die Luft von gewissen Schadstoffen.

Chamaedorea
Die Chamaedorea oder Bergpalme blüht in einer tropischen Umgebung auf und absorbiert auf ganz natürliche Weise die Feuchtigkeit über ihre Blätter. Ihre Pflege und Eigenschaften sind mit der Spathiphyllum vergleichbar.

Efeu
Efeu wächst nach unten wie eine Liane. Er kann in einem weiter oben montierten Topf gepflanzt werden, was einen dreifachen Vorteil bietet: Er nimmt keinen Platz weg, Sie laufen nicht Gefahr, den Topf umzuwerfen, und er wird Feuchtigkeit absorbieren, die nach ihrem Entstehen aufsteigt. Bonuseffekt: Er merzt die als Schwebeteilchen in der Luft vorhandenen Schimmelpartikel aus.

Nephrolepis (Schwertfarn)
Auch der Schwertfarn blüht in einer sehr feuchten Umgebung auf. Er kann die Feuchtigkeit im ganzen Haus regulieren.

Tillandsia
Die Tillandsia braucht viel Licht, was ihren Einsatz auf Badezimmer mit Fenster beschränkt. Sie kann sich ohne Wurzel entwickeln und besitzt die Fähigkeit, von ihr benötigtes Wasser sowie Nährstoffe aus der Umgebungsluft zu extrahieren.

Abflüsse

Zitronensäure-Abflussreiniger

Seife hat einen basischen pH-Wert. Um Verstopfungen durch Seife und Schmutz zu eliminieren, gibt es nichts Besseres als etwas Säure.

Zubehör und Bestandteile für ein Waschbecken

- Eine Pinzette
- 1 Glas Zitronensäure
- 1 l kochendes Wasser

Anwendung

1 – Das Abflussgitter entfernen. Festsitzende Haare und andere Ablagerungen mit Hilfe der Pinzette entfernen. Die Zitronensäure eingießen. Etwa zwanzig Minuten einwirken lassen.
2 – Das kochende Wasser nachgießen.
3 – Etwa dreißig Minuten warten, bevor man wieder Wasser in den Abfluss fließen lässt.

Abflussreiniger aus Kristallsoda (Natriumcarbonat)

Wenn die Zitronensäuren-Methode versagt, dann vermutlich, weil Fettstoffe im Abfluss feststecken. Diese muss man mit einer starken Base auflösen.

Zubehör und Bestandteile für ein Waschbecken

- Eine Pinzette
- 1 Glas Kristallsoda
- 1 l kochendes Wasser

Anwendung

1 – Das Abflussgitter entfernen. Festsitzende Haare und andere Ablagerungen mit Hilfe der Pinzette entfernen. Das Kristallsoda eingießen. Etwa zwanzig Minuten einwirken lassen.
2 – Das kochende Wasser nachgießen.
3 – Etwa dreißig Minuten warten, bevor man wieder Wasser in den Abfluss fließen lässt.

Javelwasser (Eau de Javel, Natriumhypochloritlösung)

Javelwasser ist eine wässrige Lösung von Natriumhypochlorit NaOCl. Es handelt sich dabei um eine oxidierende und basische Lösung, die, in Frankreich weit verbreitet, als Desinfektionsmittel in Spitälern, Schulen und einem Großteil der Haushalte Anwendung findet. Sein so charakteristischer Geruch steht für Sauberkeit und Hygiene. Aber was ist da wirklich dran?

Es stellt sich die berechtigte Frage, ob es notwendig ist, systematisch sämtliche Keime abzutöten. Nur krankheitserregende Keime sind schädlich und es ist eine Illusion zu glauben, dass man das Haus schneller reinigen könnte, als die Bakterien es wieder zurückerobern.

Sicherlich, Javelwasser ist ein hochwirksames Desinfektionsmittel, aber es enthält keine Tenside und reinigt somit für sich allein genommen nicht.

Es ist ätzend, hautreizend und reizt auch die Atemwege. Die Freisetzung von Chlor auf der gesamten Strecke – von der Herstellung bis zur Entsorgung mit dem übrigen Haushaltsabwasser – macht daraus ein umweltschädliches Produkt.

Im Rahmen einer Herangehensweise, die auf ein dauerhaftes Gleichgewicht und die Gesundheit von Mensch, Wohnumgebung und Umwelt Wert legt, ist ein regelmäßiger Gebrauch von Javelwassser nicht wünschenswert. Für die tägliche Haushaltsführung sind umweltfreundliche Reinigungsmittel gemeinsam mit ätherischen Ölen vorzuziehen.

Javelwasser reagiert mit Säuren – sogar mit den schwächsten wie Essig oder Zitrone – und bildet Chlor (Cl_2), ein hochgiftiges Gas. Wenn Sie trotz allem Javelwasser verwenden wollen, müssen Sie unbedingt vermeiden, es mit Säuren zu mischen.

WC

Kein übermäßiges Vergnügen, da gebe ich Ihnen Recht, aber es geht wesentlich einfacher und schneller, als man glauben würde.

Spray für die tägliche Reinigung der Toilette

Zubehör und Bestandteile für 1 Liter

- Eine Sprühflasche (1 l)
- 500 ml Essig
- 500 ml Wasser
- 10 Tropfen ätherisches Zitronenöl
- 10 Tropfen ätherisches Eukalyptusöl

Zubereitung und Anwendung

1 – Alle Bestandteile in die Sprühflasche leeren. Vor jedem Gebrauch schütteln.
2 – Jeden Abend nach der letzten Benützung der Toilette in diese sprühen.

Gegen dunkle Flecken am Boden des WC-Abflusses

Bestandteile

- 1 Glas Zitronensäure

Anwendung

1 – Die Zitronensäure in die Muschel leeren. Über Nacht einwirken lassen. Wenn nötig, abbürsten. Spülen.

Scheuerpulver

Die kombinierte Wirkung von Natriumbicarbonat und Essig wird auch für die Reinigung der Toilette sehr nützlich sein.

Zubehör und Bestandteile

- Ein 300-ml-Einmachglas mit dazugehörigem Deckel
- 200 g Natriumbicarbonat
- 10 Tropfen ätherisches Teebaumöl
- 10 Tropfen ätherisches Eukalyptusöl
- Eine Sprühflasche Essig

Zubereitung und Anwendung

1 – Das Natriumbicarbonat ins Einmachglas tun. Die ätherischen Öle hinzufügen. Mischen.
2 – Die WC-Muschel nass machen und mit der Natriumbicarbonat-Mischung bestreuen. Wenn die Muschel sehr schmutzig ist, über Nacht einwirken lassen.
3 – Essig auf die Seitenwände der Muschel sprühen. Die chemische Reaktion des Natriumbicarbonats mit dem Essig bewirkt ein leichtes Freiwerden von prickelndem CO_2 in Form eines sprudelnden Schaums.
4 – Mit der Toilettenbürste schrubben und anschließend spülen.

Reinigungsgel

Reinigungsgels für die WC-Schüssel sind praktisch. Da sie dickflüssig sind, haften sie innen an den Seitenwänden. Schrubben erübrigt sich, es genügt zuzuwarten, bis die Chemie ihre Zauberkraft entfaltet.

Zubehör und Bestandteile für 1 Liter
- Ein Kanister, der früher WC-Gel aus dem Handel enthalten hat. Recycling!
- Ein Trichter
- 600 ml warmes Wasser
- 1 EL Guarkernmehl
- 1 Glas Zitronensäure
- 20 Tropfen ätherisches Pfefferminzöl
- 20 Tropfen Chlorophyll (wahlweise)

Zubereitung und Anwendung
1 – Das warme Wasser in den Kanister leeren. Den Trichter in die Öffnung des Kanisters stecken. Das Guarkernmehl und die Zitronensäure hinzufügen. Schütteln, um die Pulver aufzulösen.
2 – Die anderen Bestandteile hinzufügen. Wenn für den optischen Effekt gewünscht, das Chlorophyll dazutun. Vor jedem Gebrauch schütteln.

Die Toilettenbürste reinigen

Es ist ja schön und gut, die Toilette mit der Bürste zu reinigen, aber dafür muss erst einmal die Bürste selbst sauber sein.

Reinigung mit Zitronensäure

Bestandteile
- 1 Glas Zitronensäure

Anwendung
1 – Die Spülung betätigen. Die Zitronensäure in die WC-Muschel leeren.
2 – Die Bürste eintauchen. Etwa zwanzig Minuten einwirken lassen. Die Spülung betätigen und dabei die Bürste in das durch die Muschel abfließende Wasser halten.

Reinigung mit Kristallsoda

Bestandteile
- 1 Glas Kristallsoda

Anwendung
1 – Die Spülung betätigen. Das Kristallsoda in die WC-Muschel leeren.
2 – Die Bürste eintauchen. Etwa zwanzig Minuten einwirken lassen. Die Spülung betätigen und dabei die Bürste in das durch die Muschel abfließende Wasser halten.

Angenehme Düfte

Natriumbicarbonat-Absorbierungsmittel gegen schlechte Gerüche

Lange Erklärungen sind überflüssig, die Nützlichkeit dieses Tricks dürfte jedem klar sein. Weil ein Streichholz anzuzünden, nun mal nicht funktioniert.

Zubehör und Bestandteile
- Eine kleine Schüssel
- 2 EL Natriumbicarbonat

Anwendung
1 – Das Natriumbicarbonat ins Schüsselchen leeren. Auf der Toilette vor Wasserspritzern geschützt platzieren.

Express-Duftspender

Warum sich das Leben unnötig kompliziert machen? Ein hübsches Glastöpfchen, ihre liebsten ätherischen Öle, ein Lochdeckel – fertig!

Zubehör und Bestandteile für einen 200-ml-Duftspender
- Ein Einmachglas von etwa 200 ml samt dazugehörigem Lochdeckel
- 2 Gläser Natriumbicarbonat
- 1 TL einer Mischung aus ätherischem Limettenöl und Ylang-Ylang-Öl

Zubereitung und Anwendung
1 – Alle Bestandteile ins Einmachglas leeren. Mischen. Schließen.
2 – Auf der Toilette platzieren.

Grapefruit-Duftspender

Es gibt Alternativen zu den ätherischen Ölen. In Alkohol eingelegte Grapefruitschalen sind ebenso angenehm herzustellen wie sie duften.

Zubehör und Bestandteile
- Ein Einmachglas (etwa 500 ml) mit dazugehörigem Deckel
- Die Schalen von 4 Zitronen oder 1 Grapefruit
- 200 ml Wodka
- Ein Trichter
- Ein Spitzsieb
- Ein Einmachglas von etwa 200 ml samt dazugehörigem Lochdeckel
- 5 Spießchen aus Holz

Zubereitung und Anwendung
1 – Die Zitrusfrüchte waschen, dann die Schale mit einem Sparschäler entfernen.
2 – Die Schalen ins 500-ml-Einmachglas geben. Zusammendrücken. Mit Wodka bedecken. Das Einmachglas verschließen. Mindestens drei Wochen ziehen lassen.
3 – Den Trichter ins 200-ml-Glas stecken und das Spitzsieb in den Trichter. Die Wodka-Schalen-Mischung vorsichtig ins Glas leeren.
4 – Mit dem Lochdeckel verschließen. Die Holzspießchen durch die Löcher schieben, sodass sie in den aromatisierten Wodka eintauchen.

Bürsten und Schminkpinsel

Schminkpinsel kommen direkt mit der Haut in Kontakt. Bakterien machen sich auf ihnen sehr leicht breit und verursachen Hautreizungen. Haarbürsten und Kämme teilen ein ähnliches Schicksal. Der Großteil der Bürsten und Pinsel kann sehr einfach in der Geschirrspülmaschine gewaschen werden. Für die Empfindlichsten unter ihnen bleibt noch immer die manuelle Methode.

Sanftes Pflegebad

Die Seife reinigt, der Essig desinfiziert, das Öl erhält den Borsten ihre Geschmeidigkeit und Weichheit. Für die Bürsten eine längere Trockenzeit einplanen.

Zubehör und Bestandteile
- Ein ausreichend großes Glas, um alle Pinsel aufzunehmen
- ½ Glas Essig
- ½ Glas Olivenöl
- ½ Glas Geschirrspülflüssigkeit (S. 68)
- 5–10 Tropfen ätherisches Vanilleöl

Zubereitung und Anwendung
1 – Alle Bestandteile ins Glas schütten. Mischen. Die Pinsel eintauchen. Zwanzig Minuten wirken lassen.
2 – Die Pinsel aus dem Pflegebad nehmen. Borsten durchkneten. Mit warmem Wasser abspülen. Mit einem Tuch abtupfen, um den Großteil der Feuchtigkeit zu entfernen.
3 – Mindestens einen Tag lang an einem trockenen und gut belüfteten Ort trocknen lassen.

Essig-Tiefenreinigung

Fehlt Ihnen die Geduld? Die Reinigung mit heißem Essig ist sehr wirkungsvoll!

Zubehör und Bestandteile
- Eine kleine Wanne
- 1 Glas Essig
- 1 l kochendes Wasser

Zubereitung und Anwendung
1 – Das kochende Wasser und den Essig in die Wanne leeren. Die Bürsten, Kämme und Pinsel eintauchen. Etwa zwanzig Minuten einwirken lassen.
2 – Das Material aus dem Bad nehmen. Kämme und Bürsten auskratzen, um darin steckengebliebene Haare loszuwerden.
3 – Abspülen. Mindestens einen Tag lang an einem trockenen und gut belüfteten Ort trocknen lassen.

Speed cleaning

Sie fahren übers Wochenende weg und werden keine Zeit haben, das Badezimmer von oben bis unten durchzuputzen? Perfekt, Sie brauchen die Luftveränderung und ihr Badezimmer wird sich mit dieser Expressreinigung begnügen. Also, auf die Plätze, fertig, los!

1 – Das Material bereitstellen:
- Mikrofasertücher: eines für die Spiegel, eines für das Waschbecken, eines für die Toilette, ein oder zwei für die Dusche oder die Badewanne
- Reinigungsspray für Glasoberflächen (S. 52)
- Desinfektionsspray (S. 37)
- Gel für die Toilettenreinigung
- Wäschekorb

2 – Regale und sonstige Ablageflächen von überflüssigen Dingen befreien und aufräumen. Die herumliegende Wäsche einsammeln und gemeinsam mit den Handtüchern in den Wäschekorb tun.

3 – Mit der Toilette beginnen. Die Muschel mit Gel bedecken. Einwirken lassen. Zu Dusche und Waschbecken wechseln.

4 – Dusche und Waschbecken mit dem Desinfektionsspray besprühen. Zum Spiegel wechseln.

5 – Den Reinigungsspray für Glasoberflächen auf den Spiegel sprühen und sofort mit einem trockenen Tuch abwischen.

6 – Das Waschbecken mit einem sauberen Tuch abwischen. Gleiche Vorgangsweise bei der Dusche.

7 – Zur Toilette zurückkehren. Schrubben. Die Spülung betätigen. Ein zweites Mal mit Gel bedecken und einwirken lassen.

Küche

In vielen Haushalten ist die Küche das Herzstück von Haus oder Wohnung. Natürlich kocht und isst man dort. Und dieser Duft nach dem Lieblingsgericht, das auf dem Herd langsam vor sich hin köchelt, oder dem Kuchen, der im Backofen gebacken wird, lockt die ganze Familie herbei. Die Küche wird also gleichzeitig zu einem Spielzimmer, einem Ort, wo man seine Hausaufgaben macht oder wo man die Zeitung liest. Und unweigerlich wird sie dabei schmutzig.

Die Reinigungsmittelindustrie hat uns mit Erfolg eingeredet, dass es notwendig ist, einen ganzen Haufen von Produkten zu kaufen. Die Werbung bewirbt ihre ebenso furchterregende wie spezielle Wirkung. Niemand scheint sich hingegen Sorgen über das Nebeneinander all dieser chemischen Substanzen und der Nahrungsmittel zu machen.

Dabei gibt es einfache und umweltfreundliche Lösungen. Warum also darauf verzichten?

Geschirr-
spülmittel

Geschirr

Flüssiges Grapefruit-Geschirrspülmittel

Ein Geschirrspülmittel muss fett- und fleckenlösend wirken. Die kombinierte Wirkung von Basen und der Seife erfüllt diese Mission. Sie sind nicht neonfarben und schäumen wenig, aber sie erledigen den Job. Ich bevorzuge es weniger stark konzentriert und damit leichter zu dosieren. Das Gemisch erfordert zusätzlich warmes Wasser, um die Auflösung der Schmierseife zu erleichtern.

Zubehör und Bestandteile für etwa ½ Liter

- Eine Flasche (1 l) samt dazugehörigem Verschluss
- Ein Trichter
- Eine tiefe Salatschüssel
- ½ l warmes Wasser
- 1 EL Schmierseife
- 20 Tropfen ätherisches Grapefruitöl
- 2 EL Natriumbicarbonat
- 2 EL Essig

Zubereitung und Anwendung

1 – In dieser Reihenfolge warmes Wasser, Schmierseife und ätherisches Öl in eine tiefe Salatschüssel leeren. Gut durchmischen, um die Seife aufzulösen.
2 – Das Natriumbicarbonat und den Essig hinzufügen. Es folgt ein leichtes Freiwerden von prickelndem CO_2. Mischen.
3 – Mit Hilfe des Trichters in die Flasche umfüllen.
4 – Vor jedem Gebrauch schütteln. Einen Esslöffel der Reinigungsflüssigkeit pro Waschgang einkalkulieren.

Superkonzentriertes Geschirr-Gel

Es ist nicht leicht, seine Gewohnheiten zu ändern – so lautet ein altes Vorurteil: Eine Geschirrspülflüssigkeit hat als Gel vorzuliegen, sonst spült sie nicht richtig! Dank der Beschaffenheit kennt man die Dosierung. Ein dickflüssiges Geschirrspülmittel gibt uns das Gefühl, es sei konzentrierter und damit wirksamer.
Tatsächlich enthalten alle handelsüblichen Produkte die eine oder andere Form von Verdickungs- oder Gelierungsmittel, um die gewünschte Dickflüssigkeit zu erlangen. Hier nun ein Geschirr-Gel ohne Verdickungsmittel, das daher wirklich sehr konzentriert ist.

Zubehör und Bestandteile für etwa ½ Liter

- Eine Flasche (1 l) samt dazugehörigem Verschluss
- Ein Trichter
- Eine Salatschüssel
- ½ l kochendes Wasser
- 5–6 Esslöffel geraspelte Marseiller Seife
- 20 Tropfen ätherisches Zitronenöl
- 3 EL Natriumbicarbonat

Zubereitung und Anwendung

1 – In dieser Reihenfolge kochendes Wasser, Seife und das ätherische Öl in eine Salatschüssel leeren. Gut durchmischen, um die Seife aufzulösen.
2 – Das Natriumbicarbonat hinzufügen. Mischen.
3 – Mit Hilfe des Trichters in die Flasche umfüllen. Über Nacht ruhen lassen. Die Mischung wird sich eindicken, ja sogar erstarren.
4 – Vor jedem Gebrauch schütteln. Einen Teelöffel der Reinigungsflüssigkeit pro Waschgang einkalkulieren.

Superfettlösungs-Geschirrspülmittel

Faulheit ist manchmal ein guter Ratgeber. Für fettige Teller, die normalem flüssigem Geschirrspülmittel widerstehen, ist ein kräftigeres Mittel besser als Muskelschmalz. Und nach dem Motto „Eile mit Weile“ sollte man nicht zögern, das Geschirr zwanzig Minuten, ja sogar über Nacht einzuweichen. Die Rezeptur enthält keinen Essig – der ist für das Nachspülwasser reserviert, für ein perfektes Finish.

Zubehör und Bestandteile für etwa ½ Liter

- Eine Flasche (1 l) samt dazugehörigem Verschluss
- Ein Trichter
- ½ l warmes Wasser
- 2 EL flüssige Schmierseife
- 20 Tropfen ätherisches Mandarinenöl
- 1 EL Natriumbicarbonat
- 2 EL Kristallsoda
- Ein Glas Essig

Zubereitung und Anwendung

1 – Das warme Wasser in die Flasche leeren. Die Schmierseife und das ätherische Öl hinzufügen. Schütteln, um die Seife aufzulösen.
2 – Das Natriumbicarbonat und das Kristallsoda mit dem Trichter hinzufügen. Schütteln.
3 – Die beiden Spülbecken mit warmem Wasser füllen. Ins erste Becken den Gegenwert eines Esslöffels fettlösendes Geschirrspülmittel gießen. Ins zweite ein Glas Essig, um das Geschirr nachzuspülen.

Flüssiges Spezialgeschirrspülmittel für Gläser

Sie haben Freunde zum Abendessen eingeladen und zwischen Aperitif, Weingläsern, Wassergläsern und Champagnergläsern versinken sie in Geschirr. Gläser sind selten sehr schmutzig, aber sie erfordern Pflege. Daher starten wir das Programm „empfindlich“.

Zubehör und Bestandteile für 1 Liter

- Ein Flasche (1 l) mit dazugehörigem Verschluss
- Ein Trichter
- ½ l warmes Wasser
- 1 EL flüssige Schmierseife
- 100 ml Essig
- 20 Tropfen ätherisches Mandarinenöl

Zubereitung und Anwendung

1 – Wasser in die Flasche schütten, alle Bestandteile hinzufügen. Schütteln und die Seife auflösen.
2 – Das Spülbecken mit warmem Wasser füllen. Den Gegenwert von einem Esslöffel flüssiges Geschirrspülmittel hinzufügen. Die Gläser abwaschen. Nachspülen. Mit einem Mikrofasertuch abwischen.

Weiße Ablagerungen auf den Gläsern loswerden

Die 3-in-1-Tabs aus dem Handel haben ihre Versprechen nicht gehalten und weiße Ablagerungen haben sich auf den Gläsern gebildet? Das Leitungswasser in ihrer Gegend ist vermutlich sehr hart. Das ist der Moment zu überprüfen, ob Ihr Geschirrspüler richtig eingestellt ist – um zu verhindern, dass es wieder passiert. In der Zwischenzeit müssen Sie den Schleier loswerden, der Ihre Gläser verschandelt: Platz für das magische Duo Essig & Natriumbicarbonat.

Zubehör und Bestandteile

- Eine kleine Schüssel
- ½ l Essig
- ½ Glas Natriumbicarbonat
- ½ Glas Wasser

Zubereitung und Anwendung

1 – Das Spülbecken mit warmem Wasser füllen. Essig hinzufügen. Die Gläser etwa zwanzig Minuten darin einweichen.
2 – Natriumbicarbonat und Wasser in die Schüssel leeren. Mischen, um eine Paste zu erhalten.
3 – Mit einem Schwamm ein wenig von der Paste entnehmen und die Gläser polieren, besonders die weißen Ablagerungen.
4 – Spülen. Mit weichem Tuch abwischen.

Pflege von Plastikgeschirr

Na los, geben wir's zu, wir alle haben Plastikgeschirr, und sei es nur das für die Kinder oder diese kleinen Dosen, in denen man Lebensmittel frisch hält. Tee-, Kaffee- oder Tomatenspuren – Plastik neigt dazu, fleckig zu werden und Gerüche anzunehmen.

Fleckentfernung mit Natriumbicarbonat

Zubehör und Bestandteile
- Eine Schüssel
- 2 EL Natriumbicarbonat
- 2 EL Wasser

Anwendung
1 – Das Natriumbicarbonat in den Topf schütten. Das Wasser hinzufügen. Mischen, um eine Paste zu erhalten.
2 – Mit einem Scheuerschwamm ein wenig Paste entnehmen. Den Fleck abreiben. Spülen.

Fleckenentfernung mit Öl

Die Methode mit dem Natriumbicarbonat ist nicht mit den Flecken von der Tomatensauce fertig geworden? Es bleibt eine Hoffnung: Öl. Flecken von buntem Gemüse, wie Karotten oder Tomaten, bestehen aus lipophilen Bestandteilen und sind daher in Fettstoffen löslich. Um sie zu entfernen, ist Wasser gänzlich nutzlos, Speiseöl hingegen perfekt.

Zubehör und Bestandteile
- Ein Mikrofasertuch
- 1 EL Speiseöl

Anwendung
1 – Das Tuch mit dem Speiseöl tränken. Den Fleck abreiben.
2 – Das überschüssige Öl mit warmem Wasser entfernen. Abwischen.

Geruchsentfernung mit Natriumbicarbonat

Keine Frage, es wäre schade gewesen, diese Knoblauchcremesuppe wegzuwerfen. Aber jetzt scheint es, als ob die Dose, in der sie aufbewahrt wurde, für immer nach Knoblauch riechen würde. Oder auch nicht. Natriumpercarbonat ist ein Oxidationsmittel, das gemeinsam mit der Scheuerwirkung des Natriumbicarbonats die Geruchsmoleküle zerstört.

Zubehör und Bestandteile für ein 200-ml-Einmachglas
- Ein 200-ml-Einmachglas mit dazugehörigem Deckel
- 1 Glas Natriumbicarbonat
- 1 Glas Natriumpercarbonat

Zubereitung und Anwendung
1 – Die Pulver ins Einmachglas leeren. Mischen.
2 – Die Mischung auf das abzuwaschende Geschirr streuen. Einen Schwamm mit heißem Wasser befeuchten. Schrubben. Großzügig nachspülen.

Thema Geschirrspülmaschine

Ach, der Geschirrspüler, was für eine wunderbare Erfindung! Es wird Ihnen nicht entgangen sein: In seinem Inneren befinden sich weder Bürsten noch Schwämme, um die Teller abzuschrubben. Die Geschirrspülmaschine bedient sich einer anderen Spülmethode, die auf sehr spezifische Reinigungsmittel setzt. Da Sie sich nicht im Inneren Ihrer Maschine befinden, um zu sehen, was dort vor sich geht, macht sich die Industrie diese Ungewissheit zunutze, indem sie versucht, Ihnen weiszumachen, dass Sie vordosierte, komprimierte und einzeln in hübschem Plastik verpackte „Tabs" benötigen. Es ist Zeit, wieder die Kontrolle zu übernehmen und mit überkommenen Vorstellungen Schluss zu machen!
Die Vordosierung ist praktisch, aber sie verhindert die Anpassung der Menge an den Verschmutzungsgrad des Geschirrs. Die Komprimierung geht von einem richtigen Prinzip aus, aber wenn das Pulver zu komprimiert ist, löst es sich schlecht auf, und wenn die Tabs nicht ausreichend komprimiert sind, zerbröseln sie. Die Einzelverpackung ist völlig überflüssig, es wäre besser, man könnte selber dosieren. Der Preis der Tabs ist durch nichts gerechtfertigt. Wir werden für unsere Konditionierung und Wissenslücken zur Kasse gebeten.

Borax-Geschirrspülpulver

Dieses Geschirrspülpulver enthält grobes Salz, um das Wasser zu enthärten und weiße Ablagerungen auf den Gläsern zu vermeiden. Es ist daher nicht erforderlich, der Geschirrspülmaschine auch noch Regeneriersalz hinzuzufügen, falls Ihr Wasser nicht sehr hart ist. Die Zitronensäure ihrerseits übernimmt die Rolle des Klarspülers.
Kristallsoda absorbiert unweigerlich Feuchtigkeit. Sobald es feucht wird, reagiert es mit der Zitronensäure, was seine Wirksamkeit zunichte macht. Das Pulver ist so schnell und einfach herzustellen, dass es besser ist, kleinere Mengen vorzubereiten. Wenn Ihr Wasser sehr hart ist, werden sie mehr Geschirrspülmittel einsetzen müssen, damit es entsprechend wirkt.

Zubehör und Bestandteile für 500 g

- Ein Kanister (1 l)
- Ein Trichter
- 200 g Borax
- 200 g Kristallsoda
- 50 g Zitronensäure
- 50 g grobes Salz
- 1 TL ätherisches Zitronenöl

Zubereitung und Anwendung

1 – Den Trichter in den Ausguss des Kanisters stecken. Alle Bestandteile hineinleeren. Verschließen. Zum Mischen schütteln.
2 – Kristallsoda verliert bei Kontakt mit Wasser an Wirkung. Vor Feuchtigkeit geschützt lagern und einen trockenen Löffel verwenden, um die für die Reinigung erforderliche Menge zu entnehmen.
3 – Für jeden Spülgang einen Esslöffel Pulver ins Spülmittelfach der Geschirrspülmaschine füllen.

Mini-Budget-Geschirrspülpulver

Alle Bestandteile finden sich für ein paar Euro im Supermarkt. Es gibt keine Ausreden – mit dem hausgemachten Geschirrspülpulver fangen wir heute noch an! Kristallsoda verliert an Wirkung, sobald es mit Feuchtigkeit in Kontakt kommt, und kann mit der Zitronensäure reagieren. Für eine größere Wirksamkeit empfiehlt es sich, das Gemisch aus Salz und Basen und die Zitronensäure getrennt voneinander zu verwahren.

Zubehör und Bestandteile für etwa 500 g

- Ein Kanister (1 l), Ein Trichter
- 1 ½ Gläser Natriumbicarbonat
- 1 ½ Gläser Kristallsoda
- ½ Glas grobes Salz
- ½ Glas Zitronensäure

Zubereitung und Anwendung

1 – Den Trichter in den Ausguss des Kanisters stecken. Natriumbicarbonat und Kristallsoda hineinleeren, dann das grobe Salz. Verschließen. Zum Mischen schütteln.
2 – Pro Spülgang einen Esslöffel von der Mischung und einen Teelöffel Zitronensäure ins Spülmittelfach der Geschirrspülmaschine füllen.

Flüssiges Klarspülmittel für die Maschine

Es ermöglicht in erster Linie ein rasches Trocknen ohne Spuren oder Streifen. Häufig auf Basis von Tensiden und manchmal sogar von Duftstoffen, kann es durch Essig ersetzt werden. Dieser ist weniger wirksam und vielleicht bleiben Wassertropfen auf Ihrem Geschirr zurück, aber ganz ehrlich, wollen Sie aus Gläsern trinken, die von Tensiden überzogen sind?

Bestandteile

- Essig

Anwendung

1 – Das für den Klarspüler vorgesehene Fach mit Essig füllen.
2 – Die Geschirrspülmaschine wie gewohnt laufen lassen.

Flüssiges Geschirrspülmittel

Eine Vorliebe für Flüssigkeiten? Kein Problem. Damit diese Rezeptur wirksam ist, muss man das Klarspüler-Fach mit Essig befüllen.

Zubehör und Bestandteile

- Eine Flasche (1 l) samt dazugehörigem Verschluss
- 1 l Essig
- 1 Glas warmes Wasser
- 3 EL Schmierseife
- 3 EL grobes Salz
- 2 Gläser Natriumbicarbonat

Zubereitung und Anwendung

1 – Das Klarspülerfach mit Essig befüllen.
2 – Das heiße Wasser in die Flasche füllen. Die Schmierseife hinzufügen. Die Flasche verschließen. Schütteln, um die Seife aufzulösen.
3 – Das Salz und das Natriumbicarbonat ergänzen. Zum Mischen schütteln.
4 – Für jeden Spülgang einen Esslöffel voll ins Spülmittelfach der Geschirrspülmaschine füllen. Vor jedem Gebrauch mischen.

Regeneriersalz

Das Regeneriersalz der Geschirrspülmaschine dient dazu, das Wasser zu enthärten: Indem es den Ionenaustausch zwischen dem wasserlöslicheren Salz NaCl und kalkbildenden Salzen wie dem Kalziumchlorid begünstigt. Wenn das Wasser in ihrer Region sehr hart ist, empfiehlt sich die Verwendung eines Regeneriersalzes. Das wirkungsvollste Salz besteht ausschließlich aus Natriumchlorid NaCl und tritt in Form grober Körner in Erscheinung, die sich langsamer auflösen und dadurch länger vorhalten werden.

Bestandteile

- 1 kg grobkörniges weißes Kristallsalz

Anwendung

1 – In das Fach für das Regeneriersalz leeren.
2 – Die Geschirrspülmaschine wie gewohnt laufen lassen.

Kristall-
soda
Geschirr-
spülpulver
Acide
citrique
Citroenzuur
Borax

Pflege der Geschirrspülmaschine

Per Definition kommt in eine Geschirrspülmaschine Geschirr ... schmutziges. Und wo wandert der Schmutz dann hin? Der Großteil wird mit dem Wasser entsorgt. Aber manche Rückstände bleiben in Ecken und Winkeln hängen. Sie werden mit mir übereinstimmen, dass es wenig effizient ist, Geschirr in einem schmutzigen Geschirrspüler waschen zu wollen. Dabei genügen einige einfache Handgriffe für eine tadellose Geschirrspülmaschine.

Monatliche Auffrischung

Zutaten

- 2 EL Zitronensäure

Anwendung

1 – Das Fach für das Geschirrspülmittel mit der Zitronensäure füllen.
2 – Den leeren Geschirrspüler einen vollständigen Waschgang durchlaufen lassen.

Große Jahresreinigung

Alle abnehmbaren Bauteile entfernen, den Filter entfernen und entleeren. Alles mit Geschirrspülmittel abwaschen. Die Türdichtung ist eine klassische Falle für Rückstände. Abbürsten und mit Essig schrubben. Die Wasserdüsen der Sprüharme überprüfen. Eine Büroklammer aufbiegen und deren Spitze verwenden, um allfällige Kalk- oder Schmutzverstopfungen freizubekommen.

Als Grundregel sollte man vermeiden, folgende Gegenstände standardmäßig im Geschirrspüler zu reinigen

- Tafelsilber und wegwerfbare Aluminiumteller
- Geschirr mit goldenen Verzierungen
- Holzbesteck, insbesondere geklebtes Holz
- Pfannen und Kochtöpfe mit einer Antihaftbeschichtung
- Ihre bevorzugten Küchenmesser
- Getränkedosen und Konservendosen aus Metall
- Gusseisen
- wegwerfbares Plastik

Umgekehrt kann der Geschirrspüler Ihnen das Leben leichter machen, indem er recht unerwartete Gegenstände rechtzeitig reinigt. Natürlich muss man dabei die Eigenschaften der Materialien beachten. Zum Beispiel wird man Plastik insofern vor Hitze schützen, als dass man es vorzugsweise im oberen Korb platziert oder ein Programm mit niedrigerer Temperatur verwendet.

Im oberen Korb

- Gemüsebürste
- Geschirrbürste
- Schwämme
- kleines Plastikspielzeug
- Schnuller
- Möbelgriffe
- Kosmetiktiegel und -fläschchen

Im unteren Korb

- Filter der Dunstabzugshaube
- größeres Spielzeug
- Babyfläschchen
- Haushaltsbürsten
- Sport-Trinkflaschen
- Flip-Flops
- Tiernäpfe und -spielzeug

Im Besteckkorb
- Schminkpinsel
- Kamm und Haarbürste
- Pinzette
- Rasierer
- Schlüssel

Das Geschirr in Warteposition lassen

Manchmal ist es sparsamer, nur einen Vorwaschgang durchlaufen zu lassen, wenn der Geschirrspüler nicht voll ist. Allerdings passen Feuchtigkeit und Essensreste schlecht zusammen und verursachen Gerüche. Hier ein ganz einfacher Trick, um das Geschirr in der Maschine in Warteposition belassen zu können.

Bestandteile
• ½ Zitrone

Anwendung
1 – Die halbe Zitrone in den Besteckkorb legen.
2 – Das Vorwaschprogramm wie gewöhnlich ablaufen lassen.

IHR GESCHIRRSPÜLER KANN IHNEN ZAHLREICHE DIENSTE ERWEISEN
Ihr Geschirrspüler kann zahlreiche Dienste erweisen. Man muss dabei aber im Hinterkopf behalten, dass die Waschprogramme häufig mit hohen Temperaturen arbeiten und diese nicht mit empfindlichen Materialien, wie manchen Plastikarten oder Holz, zusammenpassen. Die Spülprogramme wiederum vertragen sich schlecht mit Vergoldungen, Aluminium oder Kristall. Bevor man den Geschirrspüler befüllt, ist es immer noch am besten, nach dem Kompatibilitäts-Piktogramm Ausschau zu halten, das entweder Teller in einem Geschirrspüler oder ein umgedrehtes Glas mit Wassertropfen zeigt.

Keramikmesser

Keramikmesser haben eine weiße oder schwarze Klinge, die hauptsächlich aus Zirkonoxid bestehen. Die schwarzen Klingen enthalten zusätzlich Kohlenstoff, der die Lebensdauer ihrer Schneide verlängert und sie nebenbei schmutzabweisender macht. Dafür sind diese Messer recht empfindlich und schätzen auch den Geschirrspüler nicht sonderlich. Daher wäscht man sie mit der Hand, wie alle wertvollen Messer.

Fleckenentfernung mit Öl

Keramikmesser bekommen leicht Flecken. Die Pigmente, die sich dort festsetzen, sind organische Verbindungen, die in Öl wesentlich besser löslich sind als in Wasser oder sogar in Seifenwasser.

Zubehör und Bestandteile
- Ein Tuch
- 1 EL Speiseöl

Anwendung
1 – Das Tuch mit Öl tränken. Die Messerklinge abreiben.
2 – Abwischen.

Fleckenentfernung mit Natriumbicarbonat

Ja, das schon wieder! Die Absorptions- und leichte Scheuerwirkung des Natriumbicarbonats wird mit so gut wie jedem Fleck fertig.

Zubehör und Bestandteile
- Ein Schwamm mit Scheuerseite
- 1 EL Natriumbicarbonat

Anwendung
1 – Den Schwamm mit Wasser befeuchten. Das Natriumbicarbonat auf die Scheuerseite des Schwamms leeren.
2 – Die Messerschneide abreiben. Mit klarem Wasser nachspülen.
3 – Abwischen.

Schneidbretter

Schneidbretter machen so einiges mit. Sie werden zerkratzt und von den Messerklingen malträtiert. Sie sind den geruchs- und farbintensivsten Lebensmitteln ausgesetzt. Es wird Zeit, sich um ihre Pflege zu kümmern.

Der Universalreiniger: Zitrone

Ob aus Holz, Plastik oder Glas – alle Schneidbretter werden diese Behandlung mit Zitrone zu schätzen wissen.

Zutaten
- ½ Zitrone

Anwendung
1 – Das Brett mit dem Anschnitt der Zitrone abreiben.
2 – Abspülen. Abtrocknen.

Mit Natriumbicarbonat

Natriumbicarbonat, der Superheld der ökologischen Reinigung, rückt zur Rettung sämtlicher Schneidbretter aus, selbst der allerschmutzigsten.

Zubehör und Bestandteile
- Eine Bürste
- 1 EL Natriumbicarbonat

Anwendung
1 – Etwas Natriumbicarbonat mit einer Bürste aufnehmen. Schrubben.
2 – Abspülen. Abwischen.

Öl für die Holzpflege

Schneidbretter aus Holz sind porös. Sie bekommen Flecken und absorbieren Gerüche. Flüssigkeiten, Farbpigmente und Bakterien dringen durch die Kapillarwirkung ins Holz ein.
Die Natur hat es trotzdem gut eingerichtet, denn das Holz besitzt eine natürliche keimtötende Wirkung. Aber was die Flecken angeht? Es braucht ein geeignetes Lösungsmittel. Alle Speiseöle sind in der Lage, verkrusteten Schmutz zu lösen. Sonnenblumenöl reicht völlig aus. Ich bevorzuge allerdings Olivenöl. Als Sahnehäubchen schützt es das Holz und verlängert die Lebensdauer Ihres Schneidbretts.

Bestandteile
- Eine Bürste
- 1 oder 2 EL Speiseöl

Anwendung
1 – Einen Schuss Öl auf das Schneidbrett aufbringen. Mit einer Bürste schrubben.
2 – Das überschüssige Öl mit einem Mikrofasertuch entfernen.

Nettoie, récure
et fait briller toutes
les surfaces
Pierre d'argile
avec éponge

Metalle: Kupfer, Silber, Bronze, Chrom …

Metalle werden fleckig und verlieren ihren Glanz. Es ist recht einfach, sie wieder aufzufrischen. Allerdings geschehen hier keine Wunder: Es braucht dafür ein wenig Muskelschmalz.

Mit Putzstein

Zubehör und Bestandteile
- Ein Tuch
- Etwas Putzstein (S. 31)

Anwendung
1 – Das Tuch befeuchten und am Putzstein reiben. Die Metalle polieren.
2 – Abspülen. Mit einem Mikrofasertuch abtrocknen.

Mit weißer Asche

Nein, die Asche aus dem Kamin ist nicht nur dafür gut, im Wohnzimmer Staub zu hinterlassen. Sie kann Ihnen auch von Nutzen sein. Ihr pH-Wert ist basisch, daher greift sie Metalle nicht an. Ihre Absorptionsfähigkeit wirkt Wunder bei der Auffrischung von Kupfer, Messing und Chrom.

Zubehör und Bestandteile
- Ein Topf
- Ein Schwamm
- 1 EL Natriumbicarbonat
- 1 Glas weiße Asche
- 3 EL Wasser

Zubereitung und Anwendung
1 – Das Natriumbicarbonat und die Asche in den Topf füllen. Mischen. Gerade so viel Wasser hinzufügen, dass eine Paste entsteht.
2 – Den Schwamm befeuchten. Mit dem Schwamm ein wenig Paste entnehmen und alle aufzufrischenden Metalle damit abreiben. Mit klarem Wasser nachspülen. Abwischen.

Mit Salz und Mehl

Zubehör und Bestandteile für einen Kupferkochtopf
- Ein Tuch
- 1 EL Salz
- 1 EL Mehl
- ½ Zitrone

Anwendung
1 – Das Salz und das Mehl dünn auf den Kochtopf streuen. Den Kochtopf mit dem Anschnitt der Zitrone abreiben. Die Flecken gründlicher bearbeiten.
2 – Abspülen. Mit einem Mikrofasertuch abtrocknen.

Mit Essig

Bestandteile
- 2 EL Tafelsalz
- ½ Glas Essig

Zubereitung und Anwendung
1 – Den Essig in den Kochtopf leeren. Mit Salz bestreuen.
2 – Mit einem Schwamm abreiben. Abspülen. Abwischen.

Dem Silberbesteck mit Alufolie wieder Glanz verleihen

Flecken auf Silberbesteck kommen von der Oxidation. Wenn man das Silberbesteck in einem Salzwasserbad mit der Alufolie in Kontakt bringt, erfolgt ein Elektrolytaustausch und die Oxidationsflecken verschwinden wie durch Magie von Ihrem Besteck. Aber es ist keine Magie, es ist Chemie!

Zubehör und Bestandteile
- Eine tiefe Schüssel aus Glas oder Keramik
- Alufolie
- Kochendes Wasser
- 2 EL Salz

Anwendung
1 – Die Schüssel mit Alufolie auskleiden.
2 – Das kochende Wasser bis zwei Zentimeter unter den Rand einfüllen. Das Salz hinzufügen.
3 – Das Silberbesteck auf dem Boden der Schüssel verteilen und darauf achten, dass es vollständig von Wasser bedeckt und mit der Alufolie in Berührung ist. 10 bis 20 Minuten einwirken lassen.
4 – Das Besteck mit einer Zange entnehmen. Mit einem Tuch abreiben.
5 – Den Vorgang wiederholen, falls Flecken überbleiben.

Kochtöpfe aus Gusseisen

Schwer, robust und ideal für langsames Garen – Gusseisen steht hoch im Kurs. Obwohl es unzerstörbar wirkt, ist es in Wirklichkeit recht empfindlich. Ein bisschen Zartgefühl bitte!

Bestandteile
- 2 EL Olivenöl
- 2 EL Tafelsalz

Anwendung
1 – Das Öl in den Kochtopf leeren. Das Salz hinzufügen. Mit einem Schwamm und kleinen, kreisförmigen Bewegungen sanft abreiben.
2 – Mit warmem Wasser abspülen. Abwischen.

Zahnpasta-Methode

Zubehör und Bestandteile
- Eine Zahnbürste
- Zahnpasta

Anwendung
1 – Die schwarzen Flecken mit Zahnpasta abreiben.
2 – Spülen und mit einem Mikrofasertuch abwischen.

Kochtöpfe und Pfannen ohne Teflon

Jeder hat schon einmal einen Kochtopf auf dem Herd vergessen. Erschrecken Sie nicht vor dem pechschwarzen, angebrannten Boden. Es gibt eine Lösung.

Zubehör und Bestandteile
- Eine Bürste
- 1 Glas Wasser
- 1 Glas Essig
- 2 + 2 EL Natriumbicarbonat

Zubereitung und Anwendung
1 – Erst das Wasser, dann den Essig in den zu reinigenden Topf leeren.
2 – Kochen lassen.
3 – Vom Herd nehmen. 2 Esslöffel Natriumbicarbonat hinzufügen. Vorsicht, das schäumt! Die chemische Reaktion des Essigs mit dem Natriumbicarbonat bewirkt das Freiwerden von perlendem CO_2. Nicht tief einatmen. Abkühlen lassen.
4 – Den Inhalt des Kochtopfs ins Spülbecken leeren. Der Kochtopf sieht schon besser aus.
5 – Die letzten beiden Esslöffel Natriumbicarbonat hinzufügen. Mit einer Bürste schrubben. Abspülen.

Küchengeräte und kleine Elektrogeräte

Wie ein Profi zu kochen, war noch nie so einfach. Gerätschaften in entsprechender Qualität dafür sind inzwischen für jedermann erschwinglich. Sie brauchen aber auch eine gewisse Pflege.

Seinen Standmixer mit Geschirrspülmittel waschen

Das Spezialgeschirrspülmittel für Gläser ist ideal für den Mixer.

Zutaten
- 1 EL Spezialgeschirrspülmittel für Gläser

Anwendung
1 – Den Behälter des Mixers zur Hälfte mit Wasser füllen. Das Geschirrspülmittel hinzufügen.
2 – Mit dem Deckel verschließen. Den Mixer auf höchster Einstellung laufen lassen. Das schäumt! Das Wasser wegschütten. Mit frischem Wasser nachspülen.

Den Standmixer mit heißem Essig waschen

Der heiße Essig wird selbst mit den hartnäckigsten Flecken fertig.

Bestandteile
- Kochendes Wasser
- Ein Glas Essig

Anwendung
1 – Den Behälter des Mixers zur Hälfte mit kochendem Wasser füllen. Den Essig hinzufügen.
2 – Mit dem Deckel verschließen und auf höchster Einstellung laufen lassen. Das Wasser wegschütten. Mit frischem Wasser nachspülen.

Express-Sofortreinigung

Das Wichtigste bei der Arbeit mit einem Mixer ist, ihn sofort nach Gebrauch zu reinigen.

Zutaten
- Ein Schuss Essig

Anwendung
1 – Den Behälter des Mixers zur Hälfte mit Wasser füllen. Einen Schuss Essig hinzufügen.
2 – Mit dem Deckel verschließen. Den Mixer auf höchster Einstellung laufen lassen. Das Wasser wegschütten. Mit frischem Wasser nachspülen.

Den Standmixer mit Natriumbicarbonat reinigen und geruchsneutral machen

Natriumbicarbonat, das schon wieder! Das Mädchen für alles in der Bio-Haushaltsreinigung. Einerseits neutralisiert es Gerüche. Andererseits spielen seine feinen Partikelchen die Rolle eines sanften, schmutzlösenden Scheuermittels, wenn sie von den Klingen mit voller Geschwindigkeit gegen die Innenwand des Mixerbehälters geschleudert werden. Und Sie brauchen in der Zwischenzeit nur dabei zuzusehen, wie dieser Wirbelwind die Arbeit für Sie erledigt.

Bestandteile
- 2 EL Natriumbicarbonat
- 2–3 Tropfen ätherisches Zitronenöl

Zubereitung und Anwendung
1 – Das Natriumbicarbonat und das ätherische Öl in den Behälter des Mixers leeren.
2 – Zur Hälfte mit Wasser auffüllen. Auf höchster Einstellung laufen lassen. Das Wasser wegschütten. Mit frischem Wasser nachspülen.

KÜCHENMASCHINE
Ganz ehrlich, manchmal fragt man sich, ob die Hersteller von Küchenmaschinen in ihrem Leben auch nur ein einziges Mal selbst abgewaschen haben. Herausnehmbare Teile, fix eingebaute Teile mit unzugänglichen Winkeln, diverse verschiedene Materialien – genug, um einen zu entmutigen, die Küchenmaschine überhaupt zu verwenden. Letztlich ist die Sache gar nicht so kompliziert und es wäre schade, auf die vielfältigen Dienste zu verzichten, die eine Küchenmaschine uns erweisen kann.

Seine Küchenmaschine mit Geschirrspülmittel waschen

Die meisten Teile könnten im Geschirrspüler gewaschen werden, aber sie sind oft sperrig und nehmen den ganzen Platz weg. Mir ist es lieber, gleich nach Gebrauch alles händisch abzuwaschen. Nachdem die besten Methoden oft die einfachsten sind, genügt hier ein wenig Geschirrspülmittel.

Zutaten
- 1 EL Geschirrspülmittel

Anwendung
1 – Das Spülbecken mit warmem Wasser füllen. Geschirrspülmittel hinzufügen. Alle Teile der Küchenmaschine einweichen.
2 – Abwaschen. Nachspülen. Abtrocknen.

Seine Küchenmaschine mit Speiseöl reinigen

Die leidige Geschichte mit dem Karottensalat ...
Jeder kennt das: Es braucht fünf Minuten, um ihn zuzubereiten, aber eine Stunde, um die auf Orange umgestylte Küchenmaschine wieder sauber zu kriegen. Die Farbpigmente von buntem Gemüse sind wesentlich besser in Fetten löslich als in Wasser oder selbst in Seifenwasser.

Zubehör und Bestandteile
- Ein Mikrofasertuch
- 1 EL Speiseöl
- Ein Schwamm
- Einige Tropfen Geschirrspülmittel

Zubereitung und Anwendung
1 – Das Tuch mit Öl tränken. Die fleckigen Bereiche blank putzen.
2 – Einige Tropfen Geschirrspülmittel auf einen feuchten Schwamm tun. Reiben, um das überschüssige Öl zu entfernen. Mit warmem Wasser abspülen. Abtrocknen.

GEMÜSEHOBEL

Ich weiß nicht, wie es Ihnen geht, aber ich liebe meinen Gemüsehobel. Ich verwendc ihn ständig. Dadurch wird er zwangsläufig schmutzig, bekommt Flecken. Und dann gibt es noch Ecken und Winkel, richtige Fallen, in denen Gemüsestückchen stecken bleiben. Am zweckmäßigsten ist es noch, die herausnehmbaren Teile gleich nach Gebrauch abzumontieren und mit Wasser abzuspülen. Manchmal genügt das – und manchmal muss man einen Gang hochschalten. Hier steht, wie's geht.

Einen Gemüsehobel mit Öl säubern

Weil sogar Zucchini Flecken machen!

Zubehör und Bestandteile

- Ein Mikrofasertuch
- 1 EL Speiseöl
- Ein Schwamm
- Ein paar Tropfen Geschirrspülmittel

Zubereitung und Anwendung

1 – Das Tuch mit Öl tränken. Die fleckigen Bereiche blank putzen.

2 – Einige Tropfen Geschirrspülmittel auf einen feuchten Schwamm tun. Reiben, um das überschüssige Öl zu entfernen. Mit Wasser abspülen. Abtrocknen.

Einen Gemüsehobel mit Natriumbicarbonat säubern

Zubehör und Bestandteile

- Ein Schwamm mit Scheuerseite
- Eine Zahnbürste
- 1 oder 2 EL Natriumbicarbonat

Anwendung

1 – Den Schwamm befeuchten. Die Scheuerseite mit Natriumbicarbonat bestreuen.

2 – Mit dem Schwamm und anschließend mit der Zahnbürste schrubben, um auch die Ecken und Winkel zu erreichen. Mit Wasser nachspülen. Abtrocknen.

Einen Wasserkocher mit Essig entkalken

Zutaten

- 1 Glas Essig

Anwendung

1 – Den Wasserkocher zur Hälfte mit Wasser füllen. Essig hinzufügen. Aufkochen lassen.

2 – Das Essig-Wasser-Gemisch wegschütten. Mehrmals mit Leitungswasser nachspülen.

Einen Wasserkocher mit Zitronensäure entkalken

Zutaten

- 1 EL Zitronensäure

Anwendung

1 – Den Wasserkocher zur Hälfte mit Wasser füllen. Die Zitronensäure hinzufügen. Aufkochen lassen.

2 – Das Zitronensäure-Wasser-Gemisch wegschütten. Mehrmals mit Leitungswasser nachspülen.

Thema Rost

Rost ist das Ergebnis der Oxidation des in Stahl enthaltenen Metalls Eisen (Fe) zu Eisenoxid Fe_2O_3 im Beisein von Wasser. Ohne Wasser kein Rost. Der Feind Nr. 1 ist also Feuchtigkeit. Achten Sie darauf, dass Ihre Metallgegenstände schön trocken bleiben. Manche Metallgegenstände, zum Beispiel Messerklingen, kann man schützen, indem man sie mit Speiseöl einlässt. Es bildet einen Film, der als Barriere gegen Feuchtigkeit dient.

Rostentfernung mit Essig und Salz

Rost, dieses rötliche Oxid, ist krümelig und kann mit manchen Säuren reagieren, nicht zuletzt mit der in Essig enthaltenen Essigsäure. Das Eisenoxid Fe_2O_3 reagiert mit der Essigsäure MeCOOH und bildet Eisenacetat $Fe(MeCOO)_3$ in einer unvollständigen Reaktion: Das heißt, dass die Reaktion auf einem Gleichgewichtsniveau endet, wo nebeneinander sowohl Eisenoxid als auch Eisenacetat vorliegt. Wenn man Salz NaCl hinzufügt, wird das Eisenacetat zu sehr leicht löslichem Natrium-Chloroferrat $FeCl_4Na$ umgewandelt. Dadurch befindet sich weniger Eisenacetat in der Lösung, die Essigsäure kann neuerlich mit dem Eisenoxid reagieren. Mit anderen Worten: Das Gleichgewicht der Reaktion verschiebt sich in Richtung eines vollständigen Verbrauchs des Eisenoxids und führt zum Verschwinden des Rostes.

Zubehör und Bestandteile
- 2 Wannen oder tiefe Schüsseln von ausreichender Größe, um die rostigen Gegenstände aufzunehmen
- Genug Essig, um die verrosteten Gegenstände zu bedecken
- Ein Stück Alufolie
- 1 oder 2 EL Salz
- 2 EL Kristallsoda

Anwendung
1 – Den Essig und das Salz in die erste Wanne leeren. Die rostigen Gegenstände einlegen. Einige Stunden einwirken lassen.
2 – Die zweite Wanne mit Wasser füllen. Das Kristallsoda hinzufügen. Zum Auflösen mischen.
3 – Die Alufolie zusammenknüllen. Die rostigen Gegenstände aus ihrem Essigbad nehmen und mit dem Alufolien-Kügelchen abreiben, um allfällige Spuren zu entfernen.
4 – Die Gegenstände ins Kristallsoda-Bad tauchen, um die Säure des Essigs zu neutralisieren. Mit klarem Wasser nachspülen. Abtrocknen.

Mit einer Kartoffel

Einer Kartoffel? Ja, weil sie Oxalsäure enthält. Die Scheuerwirkung des Natriumbicarbonats hilft dabei, den Rost zu entfernen.

Bestandteile
- Eine kleine Schüssel
- 1 Kartoffel
- 2 EL Natriumbicarbonat

Anwendung
1 – Das Natriumbicarbonat in die Schüssel leeren. Die Kartoffel in zwei Hälften schneiden. Den Anschnitt der Kartoffel ins Natriumbicarbonat tauchen.
2 – Die verrosteten Bereiche abreiben.
3 – Wenn die Kartoffel klebrig wird, das betreffende Stück abschneiden. Den Anschnitt wieder ins Natriumbicarbonat tauchen und damit fortfahren, die rostigen Bereiche abzureiben.
4 – Mit Wasser abspülen. Abtrocknen.

Mit Zitrone

Es handelt sich um dasselbe Prinzip wie beim Essig. Hier ist es die Zitronensäure der Zitrone, die das Eisenoxid in Eisencitrat umwandelt. Großzügig, wie ich bin, erspare ich Ihnen die Chemie-Vorlesung.

Zubehör und Bestandteile
- Eine Wanne oder tiefe Schüssel von ausreichender Größe, um die rostigen Gegenstände aufzunehmen
- ½ Zitrone
- 1 oder 2 EL Salz
- 2 EL Kristallsoda

Anwendung
1 – Den Anschnitt der halben Zitrone mit Salz bestreuen. Die Rostflecken mit der Zitrone abreiben und diese dabei leicht zusammendrücken, damit etwas Saft austritt. Wenn erforderlich, einwirken lassen und das Abbürsten mit der Zitrone wiederholen.
2 – Die Wanne mit Wasser füllen. Das Kristallsoda hinzufügen. Zum Auflösen mischen.
3 – Die Gegenstände ins Kristallsoda-Bad tauchen, um die Zitronensäure zu neutralisieren. Mit klarem Wasser nachspülen. Abtrocknen.

Mit Cola

Wenn Sie in einem Moment der Verwirrtheit eine Dose Cola gekauft haben, können sie diese immer noch als Rostentferner recyceln. Warum? Weil Cola Phosphorsäure enthält, die Eisenoxid in Eisenphosphat umwandeln kann. Es bildet sich eine schwarze Schicht aus Eisenphosphat. Nach dem Abbürsten wird Ihre rostige Klinge wie neu sein.

Zubehör und Bestandteile
- Eine Wanne oder tiefe Schüssel von ausreichender Größe, um die rostigen Gegenstände aufzunehmen
- Ausreichend Cola, um die rostigen Gegenstände zu bedecken
- Ein Stück Alufolie

Anwendung
1 – Die Cola in die Wanne leeren. Die rostigen Gegenstände hineinlegen. Einige Stunden bis zu einer Nacht lang einwirken lassen.
2 – Die Alufolie zusammenknüllen. Die rostigen Gegenstände aus ihrem Cola-Bad nehmen und mit dem Alufolien-Kügelchen abreiben, um die schwarze Schicht zu entfernen.
3 – Mit Wasser abspülen. Abtrocknen.

Der Mülleimer

Den Mülleimer reinigen

Zubehör und Bestandteile

- Eine Essigsprühflasche
- Eine Bürste
- Ein Tuch

Anwendung

1 – Großzügig mit Essig besprühen. Etwa zwanzig Minuten einwirken lassen.

2 – Zum Entfernen des Schmutzes abbürsten.

3 – Mit einem Tuch trockenwischen.

Unangenehmen Geruch beseitigen

Vorbeugen ist besser als Heilen. Gegen unangenehme Gerüche gibt es nichts Besseres als Natriumbicarbonat.

Bestandteile

- 1 Glas Natriumbicarbonat

Anwendung

1 – Im Inneren des Mülleimers großzügig verstreuen.

Arbeitsflächen: Holz, Granit, Edelstahl, Keramik

UNIVERSALREINIGER

Mit Marseiller Seife

Hier ist es – das Mittel, das überall passt, das keine Oberfläche beschädigen und Ihnen bei allen täglichen kleinen Arbeiten zur Hilfe kommen wird.

Zubehör und Bestandteile für 1 Liter

- Ein 2-l-Kochtopf
- Ein Reibeisen oder eine Küchenmaschine
- Ein 1-l-Kanister samt dazugehörigem Verschluss
- Ein Trichter
- 1 l Wasser
- 100 g Marseiller Seife
- 1 TL ätherisches Öl nach Wahl

Zubereitung und Anwendung

1 – Das Wasser in den Kochtopf leeren. Die Marseiller Seife reiben. Nach und nach in den Kochtopf geben. Vorsichtig erwärmen, ohne zum Kochen zu bringen. Umrühren, bis sich die Marseiller Seife aufgelöst hat. Das ätherische Öl Ihrer Wahl hinzufügen.

2 – Den Trichter in die Öffnung des Kanisters stecken. Den Inhalt des Kochtopfs in den Kanister leeren. Über Nacht rasten lassen. Die Zubereitung verfestigt sich zu einem Gel.

3 – Vor jedem Gebrauch schütteln. Eine Verschlusskappe von dem Gemisch in einem Liter Wasser verdünnt zur Anwendung bringen.

Mit flüssiger Schmierseife

Verflixt, es ist kein Multifunktionsreiniger mehr übrig! Hier eine Express-Variante. Die Hinzufügung von Essig ermöglicht, zugleich Kalk zu bekämpfen. Es kommt auch auf die Kleinigkeiten an!

Zubehör und Bestandteile für 1 Liter

- Ein 1-l-Kanister samt dazugehörigem Verschluss
- Ein Trichter
- 800 ml warmes Wasser
- 3 EL flüssige Schmierseife
- 1 Glas Essig
- 1 TL ätherisches Öl nach Wahl

Zubereitung und Anwendung

1 – Den Trichter in die Öffnung des Kanisters stecken. In dieser Reihenfolge das warme Wasser, die Schmierseife, den Essig und das ätherische Öl hineinleeren. Verschließen. Kräftig schütteln, um die Schmierseife aufzulösen.

2 – Eine Verschlusskappe Gemisch verdünnt in einem Liter Wasser zur Anwendung bringen.

Pflege von Marmor- oder Granitoberflächen

Oberflächen aus Marmor oder Granit reagieren empfindlich auf Säure. Es empfiehlt sich, auf Essig und Zitrone zu verzichten. Zum Glück bleiben genug Methoden übrig, um Steinoberflächen zu pflegen.

Expressreinigung mit Putzstein

Das Wundermittel schlechthin! Er verbindet die fettlösende und sanft scheuernde Wirkung des Tons mit der Reinigungskraft der Seife.

Zubehör und Bestandteile
- Ein Schwamm
- Ein Putzstein (S. 31)

Anwendung
1 – Den Schwamm nass machen. Am Putzstein reiben. Alle zu reinigenden Oberflächen polieren.
2 – Mit Wasser abspülen und mit einem sauberen Tuch abtrocknen.

Mit Geschirrspülflüssigkeit

Einfacher geht's nicht!

Zubehör und Bestandteile
- Eine Salatschüssel
- Ein Schwamm
- ½ l warmes Wasser
- 1 EL fettlösendes Geschirrspülmittel (S. 68)

Zubereitung und Anwendung
1 – Das warme Wasser in die Salatschüssel schütten. Das Geschirrspülmittel hinzufügen.
2 – Einen Schwamm in diese Lösung tauchen und die gesamte Arbeitsfläche polieren. Nachspülen.
3 – Mit einem Tuch trockenwischen.

Spray auf Alkoholbasis

Alkohol wirkt nicht nur desinfizierend, sondern ermöglicht zusätzlich noch ein schnelles Trocknen ohne Spuren.

Zubehör und Bestandteile für eine 750-ml-Sprühflasche
- Eine 750-ml-Sprühflasche
- Ein Trichter
- 3 EL Alkohol (70 Vol.-%)
- 1 TL Schmierseife
- Mit warmem Wasser auffüllen

Zubereitung und Anwendung
1 – Den Trichter in den Hals der Sprühflasche stecken. Alle Bestandteile hineinleeren. Verschließen. Zum Mischen schütteln.
2 – Die gesamte zu reinigende Fläche besprühen. Mit einem Mikrofasertuch trockenwischen.

Pflege von Holzoberflächen

Holz ist nun mal ein empfindliches Material. Es reagiert auf Licht, Hitze und Wasser und seine Behandlung erfordert daher einige Vorsichtsmaßnahmen.

Mit Essig und Öl

Ein bisschen Essig für die Reinigung, ein bisschen Öl für die Pflege, ein bisschen Rosmarin wegen seiner antibakteriellen und fungiziden Eigenschaften – und fertig!

Zubehör und Bestandteile für ½ Liter

- Eine Sprühflasche (½ l)
- Ein Trichter
- 1 Glas Essig
- 1 Glas Olivenöl
- Etwa 10 Tropfen ätherisches Rosmarinöl

Zubereitung und Anwendung

1 – Den Trichter in den Hals der Sprühflasche stecken. Alle Bestandteile einfüllen. Verschließen. Kräftig schütteln, um eine Emulsion herzustellen. Schütteln ist vor jedem Gebrauch erforderlich.

2 – Auf die Arbeitsfläche aufsprühen. Mit einem weichen Tuch polieren.

Kratzer im Holz mit Paranüssen entfernen

Bestandteile

- Eine Handvoll Paranüsse

Anwendung

1 – Die Nüsse in zwei Hälften schneiden. Den Anschnitt einer Nusshälfte kräftig über den Kratzer reiben.

2 – Den Vorgang, wenn erforderlich, wiederholen. Das Verfahren bei allen Kratzern wiederholen.

Sehr stark verschmutztes Holz säubern

Sogar sehr stark verschmutztes Holz verdient eine sanfte Behandlung.

Zubehör und Bestandteile

- Ein Spritzer warmes Wasser
- Eine Backspatel
- Eine kleine Salatschüssel
- Eine Bürste
- ½ l warmes Wasser
- Ein paar Tropfen flüssiges Geschirrspülmittel

Zubereitung und Anwendung

1 – Allfällige verkrustete Rückstände mit etwas warmem Wasser bespritzen. Etwa zwanzig Minuten einwirken lassen. Mit Hilfe einer Backspatel vorsichtig die Rückstände ablösen. Darauf achten, die Arbeitsfläche nicht zu zerkratzen.

2 – Das warme Wasser und dann das Geschirrspülmittel in die Salatschüssel schütten. Vermischen und die Bürste hineintauchen.

3 – Die Arbeitsfläche mit besonderem Augenmerk auf besonders verschmutzte Bereiche abbürsten.

4 – Abspülen. Mit einem Tuch abtrocknen.

Nachgedunkeltes, verschmutztes und fleckiges Holz wiederbeleben

Die ständige Benutzung, die Sonneneinstrahlung – all das greift Holz an, es ermüdet und verliert seinen Glanz. Es ist Zeit, ihm zu einer neuen Blüte zu verhelfen. Die erste Etappe besteht aus Fleckenentfernung und Scheuern. Die zweite Etappe nährt das Holz und frischt seine Farbe auf.

Zubehör und Bestandteile
- Ein Stück sehr feines Glaspapier
- Eine Schüssel
- 1 Zitrone
- 1 EL Kaffeesatz
- 1 Glas Olivenöl

Zubereitung und Anwendung
1 – Die Flecken vorsichtig mit dem Glaspapier abschmirgeln.
2 – Die Zitrone in zwei Hälften schneiden und die Flecken mit dem Anschnitt abreiben; die Zitrone dabei leicht zusammendrücken, um ein wenig Saft herauszupressen.
3 – Trocknen lassen.
4 – Den Kaffeesatz und das Olivenöl mischen. Mit einem Tuch auf die gesamte Oberfläche aufbringen.
5 – Den überschüssigen Kaffeesatz bzw. das überschüssige Öl mit einem Tuch entfernen.

Flecken auf hellem Holz entfernen

Helles Holz wird sehr leicht schmutzig. Natriumpercarbonat ist ein starkes Bleichmittel, das fleckiges Holz auffrischen kann.

Zubehör und Bestandteile
- Ein Stück sehr feines Glaspapier
- Eine Schüssel
- Eine Bürste
- Eine Sprühflasche (½ l) samt dazugehörigem Verschluss
- 1 EL Natriumpercarbonat
- 1 Glas heißes Wasser
- 1 EL Olivenöl
- 2 EL Essig
- 1 Glas Wasser

Zubereitung und Anwendung
1 – Die Flecken vorsichtig mit dem Glaspapier abschmirgeln.
2 – Das Natriumpercarbonat und das Glas warmes Wasser in einer Schüssel vermischen. Eine Bürste in die Schüssel eintauchen und die Flecken abbürsten. Mit frischem Wasser nachspülen.
3 – Das Olivenöl, den Essig und das Wasser in die Sprühflasche schütten. Schütteln, um eine Emulsion herzustellen. Die gesamte Oberfläche besprühen. Mit einem Tuch abreiben.

Armaturen

Am Fuß des Wasserhahns bleibt immer ein bisschen Wasser stehen. Das beste Mittel, um Kalk zu vermeiden, ist, das Wasser sofort wegzuwischen. Im richtigen Leben ist das oft schwierig.

Den Kalk auf den Wasserhähnen mit Essig entfernen

Bestandteile
- Essig in einer Sprühflasche (½ l oder 1 l)

Anwendung
1 – Die Kalkablagerungen mit dem Essig besprühen.
2 – Ein Tuch mit heißem Wasser befeuchten. Um den Wasserhahn wickeln. Etwa zwanzig Minuten einwirken lassen. Mit einem Mikrofasertuch abtrocknen.

Den Kalk auf den Wasserhähnen mit Zitronensäure entfernen

Bestandteile
- 1 Glas Zitronensäure

Anwendung
1 – Den Bereich rund um den Wasserhahn nass machen. Die zu reinigenden Bereiche mit Zitronensäure bestreuen.
2 – Ein Tuch mit heißem Wasser befeuchten. Um den Wasserhahn wickeln. Etwa zwanzig Minuten einwirken lassen. Mit einem Mikrofasertuch abtrocknen.

Den Kalk auf den Wasserhähnen mit Zitrone entfernen

Bestandteile
- ½ Zitrone

Anwendung
1 – Mit dem Anschnitt der Zitrone die Kalkspuren abreiben. Nachspülen.
2 – Mit einem Mikrofasertuch trockenwischen.

Den Wasserhahn oder einzelne Teile der Mischbatterie entkalken

Essig ist gut. Aber heißer Essig ist noch besser und schneller.

Zubehör und Bestandteile
- Ein kleiner Kochtopf
- 1 Glas Wasser
- 1 Glas Essig

Zubereitung und Anwendung
1 – Den Wasserhahn der Mischbatterie abmontieren.
2 – Das Wasser und den Essig im Kochtopf zum Kochen bringen. Vom Herd nehmen. Den Wasserhahn der Mischbatterie eintauchen. Etwa zwanzig Minuten lang einwirken lassen.
3 – Unter fließendem Wasser abspülen. Den Wasserhahn der Mischbatterie wieder montieren.

Waschbecken: Edelstahl, Keramik, Stein

Desinfizierendes Scheuerpulver für Edelstahl

Bevor man diesen schönen Salat vom Markt zum Waschen ins Spülbecken wirft, wäre es nicht schlecht, sich zu vergewissern, dass es sauber ist, oder? Die Gewürznelke verfügt über sehr starke fungizide und antibakterielle Eigenschaften. Ihr hartnäckiger Geruch wird durch den der Zitrone abgemildert. Fügen Sie die Scheuerwirkung des Natriumbicarbonats und die Fettlösekraft der Seife hinzu und Sie haben die umfassendste Scheuermilch überhaupt.

Zubehör und Bestandteile

- Ein etwa 300-ml-Einmachglas mit dazugehörigem Deckel
- Eine Bürste
- 200 g Natriumbicarbonat
- 10 Tropfen ätherisches Zitronenöl
- 10 Tropfen ätherisches Gewürznelkenöl
- 1–2 EL flüssige Schmierseife

Zubereitung und Anwendung

1 – Das Natriumbicarbonat ins Einmachglas tun. Die ätherischen Öle hinzufügen. Mischen. Man erhält so eine erhebliche Menge dieses Pulvers, das für mehrere Anwendungen reichen wird.

2 – Das Spülbecken nass machen und mit ein wenig Natriumbicarbonat-Mischung bestreuen. Wenn das Spülbecken sehr schmutzig ist, über Nacht einwirken lassen.

3 – Die flüssige Schmierseife zickzackförmig eingießen.

4 – Mit der Bürste scheuern. Nachspülen. Abtrocknen.

Sanftes Scheuerpulver für Keramik-Spülbecken

Keramik-Spülbecken werden leicht zerkratzt, wenn man ein zu grobes Scheuermittel benützt. Natriumbicarbonat hält genau die Balance: Sanft genug, um das Spülbecken nicht zu beschädigen, aber kräftig genug, um es gründlich tiefenzureinigen. Um seine Wirkung noch zu erhöhen, wird es mit Essig kombiniert. Es handelt sich hier um eine Creme zur einmaligen Anwendung. Passen Sie die Mengen Ihren Bedürfnissen und die ätherischen Öle Ihrem Geschmack an.

Zubehör und Bestandteile

- Eine Schüssel
- Eine Bürste
- ½ Glas Natriumbicarbonat
- ¼ Glas Essig
- 5 Tropfen ätherisches Grapefruitöl (oder ein anderes)

Zubereitung und Anwendung

1 – Alle Bestandteile in der Schüssel miteinander vermischen, um die Konsistenz eines Teigs zu erhalten. Das schäumt! Die Reaktion des Natriumbicarbonats mit dem Essig bewirkt ein leichtes Freiwerden von perlendem CO_2. Ein oder zwei Esslöffel Essig hinzufügen, falls der Teig zu dick gerät, um problemlos ausgegossen werden zu können.

2 – Zickzackförmig ins Spülbecken gießen. Mit der Bürste scheuern.

3 – Nachspülen und mit einem Mikrofasertuch abtrocknen.

Ein Email-Spülbecken weißen

Natriumpercarbonat setzt, wenn es mit Wasser in Berührung kommt, Wasserstoffperoxid (Perhydrol) frei. Dieses starke Bleichmittel kann das Weiß Ihres Spülbeckens wieder auffrischen.

Zubehör und Bestandteile
- Eine Bürste
- 2 EL Natriumpercarbonat

Anwendung
1 – Das Spülbecken mit heißem Wasser nass machen. Mit Natriumpercarbonat bestreuen.
2 – Abbürsten, mit besonderem Nachdruck auf den Flecken. Das Spülbecken mit kochendem Wasser auffüllen. Über Nacht einwirken lassen.
3 – Nachspülen.

Fettflecken entfernen

Mit Zitronenduft-Essig

Sie haben den Bio-Multifunktions-Flüssigreiniger nach der Rezeptur auf Seite 22 zubereitet – verwenden Sie ihn! Ansonsten genügt es, das gleich unten beschriebene Express-Verfahren anzuwenden.

Zubehör und Bestandteile für ½ Liter
- Eine ½-l-Sprühflasche
- 500 ml Essig mit Zitronenduft oder 500 ml Essig
- 20 Tropfen ätherisches Zitronenöl

Anwendung
1 – Den Essig in die Sprühflasche leeren. Die Tropfen ätherisches Zitronenöl hinzufügen. Schütteln.
2 – Den Essig auf allen Oberflächen versprühen, die entfettet werden sollen. Etwa zehn Minuten einwirken lassen. Mit einem feuchten Schwamm nachwischen, dann mit einem Tuch abtrocknen.

Mit Pfeifenerde

Nach dem Öl komme ich Ihnen jetzt mit Erde, aber immerhin mit Pfeifenerde. Ich werde Ihnen aber wirklich auch gar nichts erspart haben!

Bestandteile
- 1 Glas Pfeifenerde

Anwendung
1 – Die Pfeifenerde auf die Fettflecken leeren. Eine Stunde bis zu einer Nacht lang einwirken lassen.
2 – Mit einem Schwamm die überschüssige Pfeifenerde entfernen. Die Fettflecken werden mit abgetragen.
3 – Nachspülen. Abtrocknen.

Mit Natriumbicarbonat

Zubehör und Bestandteile

- Ein Schwamm mit einer leicht scheuernden Seite
- 1 oder 2 EL Natriumbicarbonat

Anwendung

1 – Den Schwamm befeuchten. Mit dem Natriumbicarbonat bestreuen. Schrubben.
2 – Großzügig mit Wasser nachspülen, um das überschüssige Natriumbicarbonat zu entfernen.
3 – Mit einem Tuch abtrocknen.

Mit Öl

Wenn die anderen Methoden versagt haben, bleibt noch eine Lösung: Jawohl, Öl. Um Fettflecken zu entfernen, gibt es nichts Wirksameres als Fett. Das Öl wird eingebrannten und verkrusteten Schmutz ablösen.

Zubehör und Bestandteile

- Ein Schwamm mit Scheuerseite
- 1 oder 2 EL Speiseöl
- Ein paar Tropfen vom selbstgemachten Superfettlösungs-Geschirrspülmittel.

Anwendung

1 – Einen Schuss Öl auf die zu reinigende Oberfläche spritzen.
2 – Die zu reinigenden Oberflächen mit Hilfe der Scheuerseite des Schwamms schrubben. Den Schwamm mit warmem Wasser abspülen.
3 – Ein paar Tropfen vom Fettlösungs-Geschirrspülmittel auf den Schwamm gießen. Die gesamte zu reinigende Oberfläche abreiben. Mit Wasser nachspülen.
4 – Mit einem Tuch abtrocknen.

Mit Scheuermilch

Zubehör und Bestandteile für 1,5 Liter

- Eine 1,5-l-Flasche samt dazugehörigem Verschluss
- Ein Trichter
- 2 Gläser Natriumbicarbonat
- 1 Glas feines Salz
- 1 EL flüssige Schmierseife
- 20 Tropfen ätherisches Geraniumöl
- 2 Gläser Wasser

Zubereitung und Anwendung

1 – Den Trichter in den Flaschenhals stecken. Alle Bestandteile hineinleeren. Kräftig schütteln.
2 – Einen Esslöffel auf die zu reinigende Oberfläche gießen. Mit einem feuchten Schwamm schrubben. Mit klarem Wasser nachspülen. Mit einem weichen Tuch abtrocknen.

Anmerkung: Es ist wichtig, die Flasche vor jedem Gebrauch zu schütteln.

Kochplatten

Beim Kochen sind Spritzer oder ein Überlaufen auf die Kochplatten schwer zu vermeiden. Aber dergleichen wieder loszuwerden, ist leichter, als man denkt.

Gasherd

Die einfachsten Methoden sind immer die besten.

Zubehör und Bestandteile

- Ein Schwamm
- Kochendes Wasser
- Ein paar Tropfen Geschirrspülmittel

Anwendung

1 – Die gesamte Kochfläche des Gasherds mit einer feinen Schicht kochendem Wasser bedecken. Etwa zehn Minuten einwirken lassen. Das kochende Wasser feuchtet verkrustete Rückstände an und weicht sie auf.
2 – Mit dem Schwamm reiben, um den Schmutz abzulösen und zu entfernen. Das Wasser abwischen.
3 – Ein paar Tropfen Geschirrspülmittel aufbringen und mit dem Schwamm schrubben, um die letzten Verunreinigungen zu entfernen. Nachspülen. Trockenwischen.

Induktions- oder Ceranplatten mit Putzstein reinigen

Ihre Kochplatten sind schmutzig? Bravo, Sie haben fleißig gekocht! Dank dem Putzstein ist die lästige Putzarbeit schnell erledigt.

Zubehör und Bestandteile

- Ein Schwamm
- Ein Putzstein (S. 31)

Anwendung

1 – Den Schwamm befeuchten. Über den Putzstein reiben.
2 – Mit dem mit Putzstein getränkten Schwamm abwischen. Nachspülen. Mit einem Mikrofasertuch abtrocknen.

Boro 3.3
1000ml

Die Brennerringe des Gasherds entfetten

Zubehör und Bestandteile
- Ein Gefrierbeutel von ausreichender Größe, um den Brennerring aufzunehmen
- Eine große Schüssel
- 1 EL Kristallsoda
- 1 Glas Wasser

Anwendung
1 – Das Wasser und das Kristallsoda in einen Gefrierbeutel schütten. Schließen. Zum Auflösen schütteln.
2 – Den Brennerring in den Gefrierbeutel geben. Verschließen. In die Schüssel legen. Eine Nacht einwirken lassen. Mit den anderen Brennerringen ebenso verfahren.
3 – Die Brennerringe aus den Beuteln nehmen. Wenn erforderlich abbürsten.
4 – Großzügig mit Wasser abspülen. Abtrocknen.

Dunstabzugshaube

Man braucht sich nichts vorzumachen, das Reinigen der Dunstabzugshaube erfordert einige Verrenkungen. Man muss sich darunter positionieren, um an die gesamte Oberfläche heranzukommen. Also wirklich nicht sehr praktisch. Daher braucht es einfache Lösungen für die Instandhaltung. Die Gitter über den Filtern lassen sich abmontieren und passen in den Geschirrspüler, zum Glück. Für die restlichen Bereiche hier einige Methoden.

Mit Zitrone

Bestandteile
- 1 Zitrone

Anwendung
1 – Die Zitrone in zwei Hälften schneiden. Mit dem Anschnitt die Dunstabzugshaube abreiben und dabei leicht zusammendrücken, um den Saft herauszupressen, der das Fett löst.
2 – Mit einem Mikrofasertuch abwischen.

Mit Putzstein

Zubehör und Bestandteile
- Ein Schwamm
- Ein Putzstein

Anwendung
1 – Den Schwamm befeuchten. Über den Putzstein reiben.
2 – Die Dunstabzugshaube mit dem putzsteingetränkten Schwamm abreiben. Mit klarem Wasser nachspülen. Mit einem Mikrofasertuch abtrocknen.

Herd & Co.

Haben Sie das auch bemerkt? Schüsseln, die man in den Backofen stellt, gehen immer über. Und wenn es nicht der Auflauf ist, der übergeht, dann fällt eben ein Stückchen Cookie auf den Boden des Ofens, dorthin, wo es zu heiß ist, um es herauszuholen, und wo man es vergisst, bis es dann bei der nächsten Benutzung des Backofens verkohlt. Kurz gesagt, es ist fast unmöglich, den Backofen samt Zubehör blitzblank zu halten.

Pflege mit dem Putzstein

Putzstein vereint in sich Reinigungs- und Scheuerwirkung. Perfekt für die schnelle und regelmäßige Pflege.

Zubehör und Bestandteile
- Ein Schwamm
- Ein Putzstein (S. 31)

Anwendung
1 – Den Schwamm befeuchten und über den Putzstein reiben. Den Backofen mit dem Schwamm schrubben.
2 – Großzügig mit klarem Wasser nachspülen. Abtrocknen.

Abbeizmittel mit grobem Salz

Große Probleme erfordern große Lösungen. Gegen verkohlte Rückstände im Backofen braucht es ein kraftvolles Scheuermittel, das die Arbeit für Sie erledigt: grobes Salz.

Zubehör und Bestandteile
- Eine Essigsprühflasche
- Ein Tuch
- 1 Glas grobes Salz

Anwendung
1 – Den Backofen auf 50 °C vorheizen.
2 – Essig auf die Innenwände des Backofens und insbesondere auf verkohlte Rückstände sprühen. Den Backofen schließen, dann ausschalten. 30 Minuten lang einwirken lassen.
3 – Etwas grobes Salz mit einem nassen Lappen aufnehmen und schrubben.
4 – Großzügig mit klarem Wasser nachspülen. Trockenwischen.

Alternative: Natriumbicarbonat statt grobes Salz verwenden.

Pfeifenerde-Entfettungsmittel

Hartnäckige Fettspritzer und Fettflecken? Wir wechseln zur Pfeifenerde.

Zubehör und Bestandteile
- Eine Schüssel
- 2 EL Pfeifenerde
- 2 EL feines Salz

Zubereitung und Anwendung
1 – Die Bestandteile in die Schüssel leeren. Mischen. Ein wenig von der Mischung auf die Fettflecken aufbringen. Etwa zwanzig Minuten einwirken lassen.
2 – Ein Tuch befeuchten. Abreiben. Nachspülen.

Natriumpercarbonat-Abbeizmittel für Rost und Auffangschale

Natriumpercarbonat hat oxidierende und bleichende Eigenschaften. Es fehlen nur mehr die basischen Eigenschaften des Natriumbicarbonats, um mit dem Fett und den anderen angebrannten Rückständen fertigwerden zu können.

Zubehör und Bestandteile
- Eine Schüssel
- Ein Stück Alufolie
- ½ Glas Natriumbicarbonat
- ½ Glas Natriumpercarbonat
- 1 Glas heißes Wasser

Zubereitung und Anwendung
1 – Die Pulver in der Schüssel miteinander vermischen. Das Wasser hinzufügen und mischen, um eine Paste zu erhalten.
2 – Auf die Auffangschale gießen. Gut auf der gesamten Oberfläche verteilen. Über Nacht einwirken lassen.
3 – Die Alufolie zu einer Kugel zusammenknüllen. Die Oberfläche mit der Kugel abreiben.
4 – Großzügig nachspülen. Abtrocknen.
5 – Bei Bedarf die Schritte 1 bis 4 wiederholen.

Kühlschrank: Reinigung, Gerüche, Abtauen

Die Sensibilisierung für die Einhaltung der Kühlkette ist allgegenwärtig. Die für Ihre Nahrungsmittel ebenso wichtige Sauberkeit des Kühlschranks hingegen bleibt oft auf der Strecke. Also, krempeln wir die Ärmel hoch und machen wir uns an die Arbeit. Okay, ich gebe es zu: Eine mühelose Methode, den Kühlschrank zu reinigen, gibt es nicht. Es dauert. Womit fängt man an? Zuerst muss man ihn ausräumen. Doch, doch, die Kühlschranktür auch. Das ist die Gelegenheit, auszusortieren und zu entsorgen, was abgelaufen ist. Und den Vorsatz zu fassen, den Inhalt des Kühlschranks in Zukunft genauer im Auge zu behalten, um nichts mehr wegwerfen zu müssen.

Die Wannen, die Regale und die herausnehmbaren Teile des Kühlschranks reinigen

Ein Kühlschrank enthält zahlreiche herausnehmbare Elemente. Es ist wesentlich zweckmäßiger, sie zur Reinigung herauszunehmen. Ein bisschen Geschirrspülmittel (S. 68) in eine große Wanne mit warmem Wasser hineingeben und die Sache ist geritzt.

Mit Natriumbicarbonat abwaschen und tiefenreinigen

Im Zweifelsfall Natriumbicarbonat! Preiswert, einfach, wirksam – Natriumbicarbonat ist Ihr Verbündeter Nr. 1. Das gilt auch für den Kühlschrank. Es reinigt und hindert Bakterien daran, sich auszubreiten.

Zubehör und Bestandteile

- Eine Schüssel
- Ein Glas warmes Wasser
- 1 EL Natriumbicarbonat

Zubereitung und Anwendung

1 – Das Natriumbicarbonat in die Schüssel leeren. Das warme Wasser hinzufügen; mischen, um eine Zubereitung zu erhalten, die an eine Creme erinnert.
2 – Mit einem Schwamm etwas Creme aufnehmen und alle Bestandteile des Kühlschranks damit abreiben.
3 – Großzügig mit Wasser nachspülen und mit einem Mikrofasertuch abtrocknen.

Geruchsbeseitigung mit Natriumbicarbonat

Keine Lust, dass der Schokoladenkuchen den Geschmack des übriggebliebenen Blumenkohl-Gratins annimmt? Nur zu verständlich – und mit etwas Natriumbicarbonat, das Gerüche absorbiert, leicht zu vermeiden.

Zubehör und Bestandteile
- Eine Schüssel
- 2 EL Natriumbicarbonat

Zubereitung und Anwendung
1 – Das Natriumbicarbonat in die Schüssel leeren und in den Kühlschrank stellen.

Geruchsbeseitigung mit Kaffeesatz

Werfen Sie Kaffeesatz nicht mehr weg, er kann den Geruch absorbieren, der entsteht, wenn ein Kühlschrank etwas zu lange ausgeschaltet und verschlossen gewesen ist.

Zubehör und Bestandteile
- Eine Schüssel
- Kaffeesatz vom Morgen

Zubereitung und Anwendung
1 – Den Kaffeesatz in eine Schüssel leeren und in den Kühlschrank stellen.

Abflüsse

Einen Fettpfropfen loswerden

Sie haben Öl oder Fettstoffe noch flüssig ins Spülbecken gegossen. Es kann sein, dass sie sich beim Abkühlen im Abfluss verfestigt haben und für die Verstopfung verantwortlich sind. Bevor Sie irgendetwas anderes ins Spülbecken kippen, ist es am sichersten, erst einmal mit kochendem Wasser anzufangen.

Zutaten
- 1 l kochendes Wasser

Anwendung
1 – Das kochende Wasser ins Spülbecken gießen.
2 – Wenn nötig, wiederholen.

Die Abflüsse mit einer Base freimachen

Wenn die Methode mit kochendem Wasser allein kein zufriedenstellendes Ergebnis gebracht hat, sollte der Kristallsoda-Turbo das Problem lösen können.

Bestandteile
- 1 Glas Kristallsoda
- 1 l kochendes Wasser

Anwendung
1 – Das Kristallsoda in den Abfluss des Spülbeckens schütten. Etwa zwanzig Minuten einwirken lassen.
2 – Das kochende Wasser nachleeren. Etwa zwanzig Minuten warten, bevor man wieder Wasser ins Spülbecken laufen lässt.

Mit Kristallsoda und Essig

Verstehe, Sie haben es mit einem hartnäckigen Pfropfen zu tun. Kombinieren wir die Kraft des Kristallsodas mit der des Essigs.

Bestandteile
- 1 Glas Kristallsoda
- 1 Glas Essig
- 1 l kochendes Wasser

Anwendung
1 – Das Kristallsoda in den Abfluss des Spülbeckens schütten. Den Essig hinzufügen. CO_2 wird freigesetzt. Nicht tief einatmen. Etwa zwanzig Minuten einwirken lassen.
2 – Das kochende Wasser nachschütten. Etwa dreißig Minuten warten, bis man wieder Wasser ins Spülbecken laufen lässt.

Geruchsbeseitigung mit Kaffeesatz

Bestandteile
- 1 Glas Kaffeesatz
- 1 l kochendes Wasser

Anwendung
1 – Den Kaffeesatz in den Abfluss des Spülbeckens schütten. Etwa zwanzig Minuten einwirken lassen.
2 – Das kochende Wasser nachschütten.

Speed cleaning

1 – Das Zubehör bereitlegen:

- Mikrofasertücher, einen Schwamm, eine Bürste
- Geschirrspülmittel (S. 68)
- Putzstein (S. 31)
- Essigsprühflasche

2 – Die Arbeitsflächen, den Herd und das Spülbecken ab- und die Gegenstände wegräumen. Alles, was nicht zur Küche gehört, muss aus der Küche raus, damit man sie sauber machen kann. Es ist nicht erforderlich, alles jetzt gleich an seinen angestammten Platz zu räumen – jetzt ist es wichtig, in der Küche Platz zu schaffen. Action!

3 – Die Geschirrspülmaschine ausräumen und mit dem herumstehenden schmutzigen Geschirr bestücken. Das Geschirr, das nicht in die Geschirrspülmaschine gehört, mit der Hand abwaschen. Jetzt blickt man schon eher durch, oder?

4 – Alle Arbeitsflächen mit Putzstein und einem Schwamm abwaschen und abtrocknen. Mit den Herdplatten ebenso verfahren.

5 – Kehren oder staubsaugen.

6 – Das Spülbecken mit Putzstein saubermachen. Wenn erforderlich schrubben. Nachspülen und mit einem Tuch trockenwischen, um Kalkspuren zu vermeiden. Die Armaturen mit Essig besprühen. Abtrocknen.

7 – Die Geschirrtücher austauschen. Wenn Sie sich für eine Küche ohne Küchenrolle entschieden haben, ist es wichtig, die Geschirrtücher regelmäßig auszutauschen.

Fertig!

Frühjahrsputz

Wie packt man einen Frühjahrsputz richtig an? Ist es effizienter, Raum für Raum vorzugehen oder Arbeitsgang für Arbeitsgang? Das Wohnzimmer komplett von oben bis unten oder alle Sockelleisten im gesamten Haus? Ich befürchte, dass es kein Wundermittel gibt. Letzten Endes muss alles drankommen und jeder weiß, dass das dauert. Der beste Zugang ist daher jener, der Sie motiviert. Ich empfehle trotzdem, einen Plan zu haben, eine Liste, um sicherzustellen, nichts zu vergessen, und vor allem um auf logische und zusammenhängende Art und Weise vorzugehen. Keine Panik, es muss nicht alles an einem Tag fertig werden. Es muss auch nicht alles jedes Jahr vorgenommen werden. Und vor allem: Lassen Sie sich helfen, von der ganzen Familie. Ich wette, dass die Jugendlichen im Haus weitaus eher geneigt sein werden, ihre Schuhe auszuziehen, bevor sie über den Teppich gehen, wenn sie es sind, die ihn saubermachen.

Die Vorgangsweise Zimmer für Zimmer bietet gewisse Vorteile, vor allem den, die Fortschritte bei der Reinigung überblicken zu können. Wenn man mit einem Zimmer fertig ist, braucht man nicht wieder dorthin zurückzukehren.

1 – Ein Checkliste ausdrucken/vorbereiten

Im ganzen Haus

- ☐ alle Oberflächen abstauben, die Oberseite der Schränke, der Türen und der Türstöcke, die Regale
- ☐ die Vorhänge waschen
- ☐ die Sockelleisten abstauben
- ☐ die Steckdosen und Schalter abwaschen
- ☐ die Türen, die Türstöcke und die Türgriffe abwaschen
- ☐ die Filter der Ventilatoren abwaschen
- ☐ die Heizkörper abwaschen
- ☐ die Flecken an den Wänden entfernen
- ☐ die Deckenleuchten und Lampenschirme abstauben und/oder abwaschen
- ☐ die Fensterscheiben und Fensterrahmen abwaschen
- ☐ überall staubsaugen, auch hinter den Möbeln
- ☐ die Teppiche und Spannteppiche waschen
- ☐ alle Fußböden waschen

Im Wohnzimmer/Esszimmer

- ☐ die Stühle und Sofas reinigen
- ☐ die Kissen und Decken waschen
- ☐ den Kamin/den Ofen reinigen

In den Schlafzimmern

- ☐ die Matratzen reinigen und umdrehen
- ☐ die Kopfkissen und Decken waschen
- ☐ die Spielzeuge/die Stofftiere waschen

In der Küche
- ☐ alle Oberflächen abwaschen, das Spülbecken, den Wasserhahn
- ☐ die Geschirrspülmaschine reinigen
- ☐ Elektrokleingeräte reinigen
- ☐ das Innere der Schubladen und Schränke auswaschen
- ☐ den Backofen reinigen
- ☐ den Kühlschrank reinigen; allenfalls das Tiefkühlfach abtauen und reinigen

Im Badezimmer
- ☐ die Wände, die Scheiben, die Spiegel abwaschen
- ☐ auf die Jagd nach Schimmel und nach Mikro-Algen gehen
- ☐ das Waschbecken, die Dusche, die Badewanne, das WC reinigen
- ☐ die Bürsten und die Kämme reinigen

Bonus
- ☐ die Waschmaschine und den Wäschetrockner reinigen
- ☐ die Fußmatten reinigen
- ☐ die Mülleimer auswaschen

2 – Das Zubehör bereitlegen
- Staubsauger
- Mikrofasertücher
- Bodentücher
- Bürsten und Zahnbürsten
- Schwämme

3 – Die Vorbereitung
Bevor Sie loslegen, ein paar Vorbereitungen:
- alle Vorhänge abnehmen
- die Papiere, diverse Gegenstände, das Spielzeug, die Kleidungsstücke aufräumen
- die Betten abziehen

4 – Tief durchatmen, ruhig bleiben, alles wird gut.
Natürlich ist die Liste oben nur ein Vorschlag. Nicht alles trifft auf jede Wohnung zu.

Im ganzen Haus

☐ Alle Oberflächen abstauben, die Oberseite der Schränke, die Regale

Mit einem Staubwedel, einem Handbesen oder für große Oberflächen mit einem Tuch. Der Staub wird aufgewirbelt und setzt sich (wieder). Oben beginnen (Oberseite der Möbel) und sich sukzessive nach unten vorarbeiten (Regale).

☐ Die Vorhänge waschen
Siehe Abschnitt Schlafzimmer, S. 159

☐ Die Sockelleisten abstauben und abwaschen

Abstauben

Für ein grobes Abstauben ist es vermutlich am schnellsten, mit dem Staubsauger zu arbeiten – falls vorhanden, mit einer Mini-Bürste bestückt.
Die effizienteste händische – und geräuschlose – Methode besteht darin, mit einem Pinsel oder Handbesen abzustauben. Um seinen Rücken und/oder seine Knie zu schonen, den Pinsel mit zwei Gummibändern am Ende eines Besenstiels befestigen.

Reinigung

Wenn die Sockelleisten einmal abgestaubt sind, ist manchmal eine gründlichere Reinigung angebracht. Damit anfangen, die Flecken mit einem Schwamm und Seifenwasser oder Essig zu entfernen.
Um die Sockelleisten insgesamt abzuwaschen, einen Schwamm in Seifenwasser tauchen, gut auswringen und dann die Sockelleisten damit abwischen. Um in die Ecken und Winkel zu kommen eine Zahnbürste oder Wattestäbchen verwenden. Mit einem Mikrofasertuch abtrocknen.

☐ Die Steckdosen und Schalter abwaschen

Steckdosen und Schalter besitzen Superkräfte: Nämlich Staub anzuziehen.
Wie bei den Sockelleisten damit beginnen, die Oberfläche der Steckdosen und Schalter mit einem Pinsel oder Handbesen abzustauben. Dann mit einer in Seifenwasser getränkten und gut abgetropften Zahnbürste reinigen. Auf herunterlaufende Tropfen achten! Um an die Hohlräume mancher Steckdosen zu gelangen, werden Sie manchmal ein Wattestäbchen brauchen.
Schalter sind wahre Bakteriennester, daher ist eine Reinigung mit einer alkoholischen Lösung erforderlich. Essig und Alkohol (70 Vol.-%) zu gleichen Teilen mischen. Ein Mikrofasertuch mit dieser Lösung tränken und die Schalter abreiben.

☐ Die Türen, die Türstöcke und die Türgriffe abwaschen

Die Türen

Damit beginnen, die Oberseite der Türen und der Türstöcke mit einem Staubwedel, einem Handbesen oder einem Tuch abzustauben. Bei Türen, die Zierleisten oder Scheiben besitzen, als nächstes die Leisten und Rahmen mit einem Pinsel abstauben.
Fingerabdrücke auf lackierten Türen verschwinden mit Hilfe einer rohen Kartoffel: Die Kartoffel durchschneiden und den Anschnitt über die Flecken reiben. Mit einem Tuch nachwischen.
Sehr schmutzige Türen mit einem in Seifenwasser getränkten Schwamm abwaschen; gut auswringen, damit die Türe nicht zu nass wird. Mit Wasser abspülen. Trockenwischen.

Die Türgriffe verdienen eine Spezialbehandlung.

Mit Putzstein: Einen Schwamm befeuchten und über den Putzstein reiben. Den Türgriff polieren. Nachspülen. Abtrocknen.

Mit Asche: Mit Asche und ein bisschen Wasser eine Paste herstellen. Ein wenig davon mit einem Tuch oder einer Zahnbürste aufnehmen. Den Türgriff abschrubben. Nachspülen. Abtrocknen.

Mit Zahnpasta: Eine Zahnbürste befeuchten. Zahnpasta auftragen. Den Türgriff abreiben. Nachspülen. Abtrocknen.

Zum Desinfizieren der Türgriffe Essig und Alkohol (70 Vol.-%) zu gleichen Teilen mischen. Ein Mikrofasertuch mit dieser Lösung tränken und damit abreiben.

☐ Die Filter der Ventilatoren abwaschen

Mit dem Staubwedel oder Handbesen abzustauben, reicht häufig aus.

Wenn die Filter sehr verschmutzt sind, muss man sie abmontieren. Das Spülbecken mit sehr heißem Wasser füllen. Einen Esslöffel Geschirrspülmittel hinzufügen. Ein Glas Natriumpercarbonat hinzufügen, um weiße Filter wieder weiß zu bekommen. Die Filter eintauchen. Etwa zwanzig Minuten im Bad lassen. Mit einem Schwamm abreiben. Abspülen. Vollständig trocknen lassen, bevor man sie wieder montiert.

☐ Die Heizkörper abwaschen

Um welche Art Heizkörper auch immer es sich handelt (Elektro-, Gusseisen-, Platten- oder Röhrenheizkörper) – es empfiehlt sich, den Heizkörper abzuschalten, bevor man ihn reinigt.

Da sie Staubfänger ersten Ranges sind, müssen Heizkörper vor allem einmal abgestaubt werden. Wenig überraschend sind ein Staubwedel oder eine Flaschenbürste die besten Werkzeuge, um diese Arbeit auszuführen. Es sind auch abgewinkelte Bürsten erhältlich, mit denen man die Rückseite des Heizkörpers entstauben kann. Aber ein Staubsauger, der über eine Mini-Bürste oder einen kleinen, flachen Aufsatz verfügt, tut es auch.

Manchmal ist es schwierig, zwischen den Röhren oder den Platten abzustauben. Wenn man weder Staubsaugen noch Staubwischen kann, kann man immerhin pusten! Ein wenig Wasser auf einem Stück Karton versprühen und diesen hinter dem Heizkörper aufstellen, um die Wand zu schützen. Von vorne mit einem Haarföhn dagegen blasen. Der Staub sammelt sich auf dem feuchten Karton.

Schmutzige Heizkörper können abgewaschen werden. Den Fußboden unterhalb des Heizkörpers mit alten Lappen schützen, um möglicherweise heruntertropfendes Wasser aufzufangen. Darauf achten, weder Schwämme noch Scheuermittel zu verwenden, die den Heizkörper zerkratzen könnten. Wasser, dazu ein wenig flüssige Schmierseife oder Geschirrspülmittel, ein weicher Schwamm und die Sache läuft.

☐ Die Flecken an den Wänden entfernen

Es gibt Wände und Wände. Wandbeschichtungen können grob in zwei Kategorien eingeteilt werden: in abwaschbare und in nicht abwaschbare. In jedem Fall ist es empfehlenswert, zunächst einmal auf einer kleinen Fläche, wo man es später nicht sieht, einen Test vorzunehmen.

Abstauben

Oft genügt einfaches Abstauben. Ein Tuch um die Bürste des Besens oder Staubsaugers hilft, eine für Kratzer anfällige Wand zu schützen.

Fleckenentfernung

Immer erst mit den Flecken beginnen, bevor man auf die gesamte Fläche losgeht. Für alle Arten von Flecken ist die Vorgangsweise gleich:
1 – Einen Schwamm, Tücher und zwei Gefäße vorsehen, einen für das Reinigungsmittel, einen für das Spülwasser.
2 – Das Reinigungsmittel vorbereiten, das zweite Gefäß mit Wasser füllen.
3 – Den Schwamm ins Reinigungsmittel tauchen. Auswringen. Vorsichtig und mit kreisförmigen Bewegungen den Fleck abreiben. Abspülen. Mit einem Tuch abtrocknen. Wahlweise auch mit dem Haarföhn abtrocknen.

Fettfleck: Eine Paste aus Natriumbicarbonat und ein wenig Wasser zubereiten.
Hartnäckiger Fettfleck: Einen Teil Kristallsoda und zwei Teile Wasser miteinander vermischen.
Fettfleck auf einer Tapete: Mit etwas Wasser und Pfeifenerde (oder Talk oder Schlämmkreide oder Mehl) eine Paste anrühren. Die Paste auf den Fleck auftragen. Trocknen lassen. Abbürsten.
Kugelschreiberspuren: Wenn die Natriumbicarbonat-Paste nicht mit dem Fleck fertiggeworden ist, versuchen Sie es mit Haushaltsalkohol.
Schwarze Abriebspuren: Ein wenig Zahnpasta auftragen. Bei hartnäckigen Flecken vor dem Nachspülen zehn Minuten einwirken lassen.

Abwaschen

Jetzt, wo die Flecken entfernt sind, kann das Abwaschen der gesamten Wandfläche erfolgen.
1 – Die Fußböden schützen.
2 – Zwei Schwämme, Tücher und zwei Eimer vorsehen, einen für das Reinigungsmittel, einen für das Spülwasser.
3 – Die beiden Eimer mit Wasser füllen. Ein Glas Schmierseife in einen der beiden Eimer gießen. Mischen.
4 – Einen Schwamm ins Seifenwasser tauchen. Auswringen. Mit kreisförmigen Bewegungen reiben. Einen vertikalen Streifen von etwa 50 Zentimetern Breite abwaschen.

5 – Den anderen Schwamm ins Wasser tauchen. Auswringen, um die Wand nicht vollständig nass zu machen. Die Wand abspülen. Mit einem Tuch abtrocknen. Nach diesem Muster Streifen für Streifen vorgehen. Das Spülwasser auswechseln, sobald es schmutzig ist.

☐ Die Deckenleuchten und Lampenschirme abstauben und/oder abwaschen

Den Beleuchtungskörper immer vom Netz nehmen, bevor man ihn reinigt.
Die Trittleiter bewegt sich um die Hängeleuchten herum und nicht umgekehrt! Ja, das ist mühsam. Man muss jedes Mal hinuntersteigen. Aber es ist der einzige Weg, die Aufhängung weder durch Zug noch durch Verdrehen zu belasten. Sie läuft sonst Gefahr, kaputtzugehen.

Abstauben

Mit einem Staubwedel. Unzugängliche Stellen mit Hilfe eines Haarföhns (Kaltluft) entstauben.

Glas, Plastik und Metall abwaschen

Diese Materialien können mit Seifenwasser oder einer Natriumbicarbonat-Lösung abgewaschen werden. Um zu vermeiden, Spuren zu hinterlassen, gut abspülen, dann abtrocknen.

Wenn der Lampenschirm fettig ist, eine Kristallsoda-Lösung vorbereiten, indem man zwei Esslöffel Kristallsoda einem Liter Wasser untermischt. Mit einem Schwamm abreiben, abspülen, mit einem Tuch abtrocknen.
Für den Glanz einen Teil Haushaltsalkohol und drei Teile Wasser miteinander vermischen. Ein Mikrofasertuch mit dieser Lösung tränken und abreiben. Dann mit einem trockenen Tuch auf Hochglanz bringen.

Kristallluster

Bei Kristallustern mit der Aufhängung beginnen. Sie ist häufig aus Metall und kann auf verschiedene Arten gereinigt werden.

Mit Putzstein: Ein Tuch befeuchten, über den Putzstein reiben, dann den Sockel des Lusters abreiben. Abspülen, um Spuren zu entfernen. Abtrocknen.

Mit Asche: Mit der Asche und ein bisschen Wasser eine Paste herstellen. Ein wenig von dieser Paste mit einem Tuch aufnehmen. Den Sockel des Lusters abbürsten. Nachspülen. Abtrocknen.

Der Lusterbehang

Es ist unerlässlich, den Lusterbehang zu entstauben, bevor man ihn abwäscht. Eine Lösung vorbereiten, indem man einen Teil Haushaltsalkohol mit drei Teilen Wasser mischt. Eine Socke über jede Hand ziehen, mit dem Daumen in der Ferse und den übrigen Fingern in der Spitze, sodass man einen Gegenstand zwischen Daumen und Finger nehmen kann. Die Fingerspitzen und den Daumen in die alkoholische Lösung tauchen. Ein Kristallelement zwischen die Finger nehmen und „streicheln". Mit dem gesamten Lusterbehang so verfahren. Die Socke austauschen, sobald sie schmutzig ist.

☐ Die Fensterscheiben und Fensterrahmen abwaschen

Hier ist nicht die Rede von der regelmäßigen Pflege der Scheiben, sondern von einer großangelegten Reinigung der Innen- und Außenseite.

Die Fensterrahmen

Mit den Fensterrahmen beginnen. Es wäre schade, blitzblanke Scheiben zu verunreinigen, indem man die Fensterrahmen nach diesen abwäscht.
Keine Hexerei – ein Eimer, Wasser, flüssige Kernseife, ein Schwamm. Den Schwamm ins Seifenwasser tauchen, auswringen, die Innenseite des Rahmens abreiben. Mit der Außenseite ebenso verfahren.

Die Scheiben

Anschließend zu den Scheiben übergehen. Das ideale Werkzeug dabei, ist ein Abzieher mit integriertem Schwamm. Aber es tut auch ein um einen Abzieher gewickeltes Mikrofasertuch. Einen Eimer mit warmem Wasser füllen, zwei oder drei Esslöffel Geschirrspülmittel oder flüssige Schmierseife hinzufügen. Mischen. Den Schwamm oder das Tuch hineintauchen. Auswringen. Die gesamte Oberfläche der Scheibe abwaschen. Um Spuren zu vermeiden, den oberen und den linken Rand der Scheibe mit einem trockenen Mikrofasertuch trockenwischen. So entsteht ein trockener Bereich, auf dem der Abzieher Halt findet. Diesen vertikal auf die linke obere Ecke aufsetzen, dann in horizontalen Streifen abziehen. Nach jedem Streifen den Abzieher mit einem Tuch abtrocknen. So fortfahren und dabei darauf achten, dass das obere Ende des Abziehers stets in den schon abgetrockneten Bereich hineinragt.

☐ Überall staubsaugen, auch hinter den Möbeln

So! Alles, was sich weiter oben befindet, ist sauber und aufgeräumt, jetzt ist es Zeit, zu den Fußböden überzugehen. Der Staubsauger kann jetzt zeigen, was er kann. Der Plan ist, überall staubzusaugen. Wirklich überall. Das bedeutet, die Möbel zu verrücken, dem Staub unter den Möbeln auf den Pelz zu rücken, hinter den Stehlampen und den Blumentöpfen, unter den Teppichen und den Fußmatten. Es versteht sich von selbst, dass der Staubsauger deutlich wirkungsvoller sein wird, wenn er mit jener Bürste bestückt ist, die der jeweiligen Bodenbeschaffenheit entspricht.

☐ Die Teppiche und Spannteppiche waschen

Flecken entfernen

Mit der Fleckenentfernung beginnen. Größte Vorsicht ist geboten. Zunächst sind immer die sanftesten Mittel zu verwenden und an einer unauffälligen Stelle auszuprobieren, um sicherzugehen, dass die Farben des Teppichs der Reinigung standhalten. Bei Spannteppichen und Teppichen empfiehlt es sich, eher zu wenig Reinigungsmittel zu verwenden als zu viel. Es handelt sich um schwer abspülbare Oberflächen. Die Reinigungsmittel laufen Gefahr, im Teppich eingekrustet zu bleiben. Ebenso empfiehlt es sich zu vermeiden, den Teppich mit zu viel Wasser zu überschwemmen. Wenn ein Fleck ein tiefergehendes Einweichen erfordert, einen Haarföhn auf kalter oder lauwarmer Stufe verwenden, um das Trocknen zu beschleunigen.

Erster Versuch: mit Natriumbicarbonat. Eine Paste aus Natriumbicarbonat mit ein wenig Wasser anrühren. Auf den Fleck auftragen. Mit einem weißen Tuch einreiben. Etwa zwanzig Minuten einwirken lassen. Absaugen.
Wenn der Fleck das übersteht, großzügig mit Essig besprühen. Einreiben oder bürsten. Etwa zwanzig Minuten einwirken lassen. Mit Natriumbicarbonat bestreuen. Das Natriumbicarbonat reagiert mit dem Essig und bewirkt ein leichtes Freiwerden von perlendem CO_2. Das resultierende Sprudeln löst verkrustete Flecken. Trocknen lassen, dann absaugen.
Für hartnäckige Flecken und/oder Fettflecken an Kristallsoda denken. Eine Lösung mit einem Teil Kristallsoda und drei Teilen Wasser vorbereiten. Ein Tuch hineintauchen. Auswringen. Auf dem Fleck zur Anwendung bringen. Abtupfen. Etwa zwanzig Minuten einwirken lassen. Mit Essig nachspülen. Trocknen lassen.
Wenn alle Anläufe oben gescheitert sind, einen Teil Alkohol und drei Teile Wasser mischen. Ein Tuch hineintauchen. Auswringen. Auf dem Fleck zur Anwendung bringen. Abtupfen. Etwa zwanzig Minuten einwirken lassen. Mit Essig nachspülen. Trocknen lassen.

Den Teppich oder den Spannteppich insgesamt reinigen

Die einfachste und am wenigsten anstrengende Methode: mit Pfeifenerde. Ein Leintuch unter den Teppich legen. Den Teppich mit Pfeifenerde bestreuen. Saubere Socken anziehen und auf der gesamten Oberfläche des Teppichs herumtrampeln, um die Erde in die Fasern eindringen zu lassen und den verkrusteten Schmutz auf das Leintuch übergehen zu lassen. Über Nacht einwirken lassen. Am nächsten Tag die Pfeifenerde absaugen, dann das Leintuch entfernen.
Um Flecken zu entfernen oder die Farben eines verblassten Teppichs aufzufrischen, gibt es nichts Besseres als Essig. Zwei Eimer vorbereiten. Den ersten Eimer mit einem Liter Essig, einem halben Liter warmem Wasser und einem kleinen Glas Geschirrspülmittel füllen. Den zweiten Eimer mit Wasser füllen. Einen Waschlappen in den ersten Eimer mit Essigwasser tauchen, auswringen und dann den Teppich in einem Quadrat mit etwa dreißig bis vierzig Zentimetern Seitenlänge sanft in alle Richtungen abreiben. Einen weiteren Waschlappen in den Eimer mit warmem Wasser tauchen und den soeben gereinigten Bereich abspülen. Auf diese Weise Quadrat für Quadrat bearbeiten. Trocknen lassen.

Bei einem sehr wenig verschmutzten Teppich oder Spannteppich die gesamte Oberfläche mit Essig besprühen. Ein Mikrofasertuch um einen Schrubber wickeln. Den Teppich abbürsten. Verunreinigungen werden vom Tuch aufgenommen. Trocknen lassen.
Ein Dampfreiniger ermöglicht einerseits, verkrusteten Schmutz zu lösen, andererseits, Flecken auf Teppichen und Spannteppichen zu entfernen. Es handelt sich dabei um ein etwas sperriges und teures Gerät, das man aber problemlos mieten kann. Die Gebrauchsanweisung des Herstellers oder Vermieters sorgfältig befolgen. Mit den Flecken beginnen, dann die gesamte Oberfläche reinigen. Mit schonenden und regelmäßigen Handbewegungen arbeiten. Für Teppichreinigungsgeräte gelten dieselben Empfehlungen.

☐ Alle Fußböden waschen

Siehe Kapitel Wohnzimmer, S. 191.

Im Wohnzimmer/Esszimmer

☐ Die Stühle und Sofas reinigen

Mit Natriumbicarbonat
1 – Die Kissen entfernen. Sorgfältig staubsaugen, unter Verwendung des Aufsatzes für Textilien. Oben beginnen und sich allmählich nach unten vorarbeiten. Besonderes Augenmerk auf den Bereich um die Nähte und Knöpfe legen. Danach die Kissen absaugen.
2 – Das Möbelstück mit Natriumbicarbonat bestreuen. Vorsichtig abbürsten, um das Natriumbicarbonat in Nähte, Ecken und Winkel eindringen zu lassen.
2 – Über Nacht einwirken lassen. Absaugen.

Mit Seifenschaum
1 – Einen Esslöffel geraspelte Marseiller Seife und ¼ Liter kochendes Wasser in einen hohen Krug leeren. Einen Stabmixer eintauchen und aufschäumen.
2 – Mit einem Mikrofasertuch den Schaum entnehmen (und nur den Schaum, nicht die Flüssigkeit – es gilt zu verhindern, den Stoff zu durchnässen) und vorsichtig den Stoff abreiben.
3 – Mit einem anderen feuchten Tuch abwaschen. Trocknen lassen. Um den Trockenvorgang zu beschleunigen, mit einem Haarföhn auf lauwarmer Stufe föhnen.

Die Farben auffrischen

1 – Essig auf der gesamten Stoffoberfläche versprühen.
2 – Vorsichtig mit einem Mikrofasertuch oder einer weichen Bürste abreiben.
3 – Trocknen lassen.

☐ Die Kissen und die Wolldecken waschen

Die Pflegehinweise auf den Etiketten der Decken gründlich lesen. Wenn sie waschmaschinenfest sind, ein entsprechendes Programm und das Wollwasch-

mittel (S. 134) verwenden. Nicht waschmaschinenfeste Decken in kaltem, mit Essig versetztem Wasser einweichen.
Abspülen. Für ein Auswringen ohne Zerknittern in ein Frotteehandtuch einrollen. Manche Kissen haben einen abnehmbaren Bezug. Die Pflegehinweise auf dem Etikett des Bezugs beachten. Mit den Kissenbezügen wie mit den Wolldecken verfahren.

☐ Den Kamin/den Ofen reinigen

Der Kamin

Ruß ist das Ergebnis der unvollständigen Verbrennung von Holz. Schwarz und fett, wie er ist, lagert er sich an alles an, was ihm in die Quere kommt. Die Steine und Ziegel rund um den Kamin sind porös und bekommen leicht Flecken. Um den Stein nicht zu beschädigen, empfiehlt sich die Verwendung sanfter Reinigungsmittel. Nachdem keine Wunder geschehen, wird man schrubben und geduldig sein müssen. Die Reinigung des Kamins verursacht einiges herunterlaufendes Wasser. Es ist empfehlenswert, die Fußböden zu schützen, bevor man loslegt. Bei dieser Arbeit verbringt man längere Zeit auf den Knien. Ein gefaltetes altes Handtuch als Kissen unterlegen.

Mit Seifenwasser
Einem Liter heißem Wasser zwei oder drei Esslöffel Geschirrspülmittel oder flüssige Schmierseife beimischen. Mit einer Bürste bewaffnet, den Stein mit dem Seifenwasser abschrubben. Nachspülen. Mit Bodentüchern trockenwischen.

Mit Kristallsoda
Ruß ist fettig. Wenn das Seifenwasser nicht zufriedenstellend gewirkt hat, bleibt noch das Kristallsoda. Einen Teil Kristallsoda mit drei Teilen Wasser vermischen. Den Stein mit dieser Lösung abschrubben. Ein oder zwei Stunden einwirken lassen. Abspülen. Mit Bodentüchern trockenwischen.

In den Schlafzimmern

☐ Die Matratzen reinigen und umdrehen

Am Morgen die Matratze mit Natriumbicarbonat unter Zugabe einiger Tropfen ätherischem Lavendelöl bestreuen. Ein oder zwei Stunden einwirken lassen. Mit großer Sorgfalt absaugen.
Die Matratze umdrehen und mit der anderen Seite ebenso verfahren.

☐ Die Kopfkissen und Decken waschen
Siehe Kapitel Schlafzimmer, S. 159.

☐ Die Schränke und Wandschränke innen waschen

Die Schränke innen zu waschen, ist auch die Gelegenheit, groß auszusortieren.
1 – Zwei große Säcke vorbereiten und das Bett in zwei Bereiche aufteilen, um vier Stapel bilden zu können. In den ersten Sack kommen Kleidungsstücke, die

weggeworfen werden sollen, in den zweiten Sack die zum Verschenken, auf den ersten Bereich am Bett Kleidungsstücke, die anderswo aufbewahrt werden sollen, und auf den zweiten Kleidungsstücke, die im betreffenden Schrank bleiben.
2 – Den Schrank vollständig entleeren und die Kleidungsstücke nach und nach auf einen der vier Stapel aufteilen.
3 – Die Schränke innen mit einer Essigsprühflasche unter Zugabe einiger Tropfen ätherischem Teebaumöl reinigen. Mit einem Tuch abwischen. Spalten und Zwischenräume eingehender bearbeiten, um den Staub zu entfernen. Motten und Milben sollen keine Chance bekommen. Am Boden des Schranks staubsaugen und besonders auf die Ecken achten.
4 – Die Kleidungsstücke wieder in den Schrank räumen. Kleidungsstücke nach Kategorien ordnen. Schachteln zu Hilfe nehmen, um kleinere Teile oder schlecht stapelbare Kleidungstücke zu verstauen.

In der Küche

☐ Die Oberseite der Schränke und der Dunstabzugshaube abwaschen

Oben auf den Schränken sammeln sich Staub und Fett. Eine Kristallsoda-Lösung vorbereiten, indem man einen Teil Kristallsoda mit drei Teilen warmem Wasser vermischt. Mit einem Schwamm schrubben. Mit Essig abspülen.

☐ Alle vertikalen Oberflächen abwaschen: Türen von Schränken und Einbaugeräten

Ein Gemisch aus gleichen Teilen Natriumbicarbonat und Wasser vorbereiten. Mit einem Schwamm oder einem Mikrofasertuch auf allen Oberflächen zur Anwendung bringen. Nachspülen. Abtrocknen.
Alternativ Essig versprühen und mit einem Mikrofasertuch abreiben.
Für wenig verschmutzte Schranktüren einem Liter warmem Wasser einen Esslöffel flüssige Schmierseife untermischen. Mit einem Schwamm abreiben. Abtrocknen.
Die Anrichte könnte fettig sein. Eine Paste aus gleichen Teilen Kristallsoda und heißem Wasser anrühren. Mit einer weichen Bürste etwas Paste aufnehmen. Abbürsten. Mit Essig nachspülen. Trockenwischen.

☐ Die horizontalen Oberflächen abwaschen, das Spülbecken, den Wasserhahn

Alle Arbeitsflächen abräumen. Elektrokleingeräte entfernen. Das Geschirr verräumen. Alles, was im Weg steht, entfernen. Ja, sogar die Kaffeekanne.
Einen Teil Zitronensäure und fünf Teile Wasser mischen. Alle Oberflächen mit einem Schwamm abreiben. Ecken und verkalkte Bereiche mit einer Zahnbürste schrubben. Etwa zwanzig Minuten einwirken lassen. Nachspülen. Abtrocknen.

☐ Das Innere der Schubladen und Schränke auswaschen

Nicht sonderlich kompliziert, aber es braucht einen Plan. Systematisch vorgehen. Eine Schublade vollständig leeren. Mit einem in Seifenwasser getauchten Schwamm reinigen. Abtrocknen. Den Inhalt wieder in der Lade verstauen. Zur nächsten Lade übergehen. Mit den Schränken ebenso verfahren. Die Gelegenheit nutzen, um die Vorräte zu sortieren. Entdecken Sie das Paket mit Kichererbsenmehl (wieder), das Sie während eines romantischen Urlaubs am Markt von Nizza gekauft haben, und bereiten Sie daraus ein typisches Gericht zu.

☐ Die Geschirrspülmaschine reinigen

Siehe Kapitel Küche, S. 65.

☐ Elektrokleingeräte reinigen

Die Elektrokleingeräte erleichtern uns Tag für Tag das Leben. Es gibt Familien, wo der Stabmixer täglich oder sogar mehrmals täglich zum Einsatz kommt, so oft und intensiv, dass er nie von Grund auf gereinigt oder weggeräumt wird. Und zugegeben, die Reinigung dieser Geräte ist auch oft schwierig. Es gibt Zwischenräume, Hohlräume, so gut wie unzugängliche Bereiche. Der Frühjahrsputz ist die Gelegenheit, sie einer Verjüngungskur zu unterziehen. Zuallererst das Gerät vom Netz nehmen. Mit Natriumbicarbonat und etwas Wasser eine Paste anrühren. Mit einem Schwamm oder einer weichen Bürste etwas Paste aufnehmen und bürsten. Die engsten Stellen können mit einer Zahnbürste oder einem Wattestäbchen gereinigt werden. Ausspülen. Abtrocknen. Die Edelstahlteile erstrahlen nach einer Politur mit Haushaltsalkohol in neuem Glanz.

☐ Den Backofen reinigen

Platten und Roste entnehmen. Den Backofen auf 50 °C vorheizen. Essig auf den Innenwänden des Backofens und insbesondere auf den angebrannten Rückständen versprühen. Nicht auf die Scheibe vergessen. Den Backofen schließen und ausschalten. Dreißig Minuten einwirken lassen. Mit einem nassen Tuch etwas Kristallsoda aufnehmen und abreiben. Großzügig nachspülen. Abtrocknen.

☐ Den Kühlschrank reinigen, das Tiefkühlfach abtauen und reinigen

Es handelt sich hier um eine großangelegte Grundreinigung des Kühlschranks.
1 – Den Kühlschrank vom Netz nehmen. Vollständig entleeren. Die Traggitter, die Behälter und alles, was man abmontieren kann, herausnehmen. Jetzt ist auch die Gelegenheit, das Tiefkühlfach abzutauen – falls erforderlich. Niemals ein Messer verwenden, um das Eis abzulösen. Einen Eimer mit sehr heißem Wasser füllen, in den Kühlschrank stellen, Kühlschranktür schließen: Das Eis schmilzt sehr schnell ab. Einen Lappen auf dem Fußboden vor dem Kühlschrank platzieren, bevor man dessen Tür wieder öffnet. Den Innenraum mit einem Schwamm abtrocknen.
2 – Wenn möglich den Kühlschrank verschieben, um dahinter und darunter sauber zu machen.
3 – Mit etwas Wasser und Natriumbicarbonat eine Paste anrühren. Mit einem Schwamm ein wenig Paste aufnehmen und alles abreiben. Eine Stunde einwirken lassen. Inzwischen den Türspalt und die Dichtung mit einer Zahnbürste und der Natriumbicarbonat-Paste abbürsten.

4 – Einmal mit Wasser, dann ein zweites Mal mit Essig nachspülen.
5 – Alle herausnehmbaren Teile mit Seifenwasser abwaschen. Nachspülen. Abtrocknen. Die Traggitter und Behälter wieder im Kühlschrank installieren. Den Kühlschrank anstecken. Die Nahrungsmittel verstauen.

Im Badezimmer

Im Badezimmer wird man sich in erster Linie auf die Jagd nach Kalk und Schimmel machen. Das ist jetzt auch die Gelegenheit, Kosmetika und Hygieneprodukte auszusortieren, denn diese haben nach dem Öffnen nur eine begrenzte Haltbarkeit.

☐ Auf die Jagd nach Schimmel und Kalk gehen

Als erstes alle zu reinigenden Tische und Regale abräumen. Alles entfernen, was im Weg steht: Kosmetikprodukte, Bürsten, Haarpflege-Utensilien, Zahnbürsten, Rasierer, Parfüm ...
Mit dem Schimmel beginnen. Ein Glas Borax mit einem Glas Essig vermischen. Ein wenig von dieser Paste mit einer Bürste aufnehmen bzw. mit einer Zahnbürste für die Fugen und schlecht zugängliche Bereiche. Abbürsten. Mindestens eine Stunde einwirken lassen. Großzügig mit Wasser nachspülen. Mit einem Tuch abtrocknen. Dann den Kalk in Angriff nehmen. Ein Glas Zitronensäure und einen Liter Wasser miteinander vermischen. Diese Lösung mit einem Schwamm auf allen verkalkten Oberflächen zur Anwendung bringen. Etwa zwanzig Minuten einwirken lassen. Nachspülen. Abtrocknen.

☐ Das Innere der Schubladen und Schränke auswaschen

Wie schon in der Küche: Systematisch vorgehen. Eine Lade vollständig entleeren. Einen Esslöffel Multifunktionsreiniger (S. 35) in einen Liter Wasser leeren. Ein Mikrofasertuch damit tränken. Die Lade damit innen abwaschen. Mit einem trockenen Tuch nachwischen. Den Inhalt wieder verstauen. Zur nächsten Lade übergehen. Bei den Schränken ebenso verfahren. Die Gelegenheit nutzen, um die Kosmetika zu sortieren. Entdecken Sie diese herrlich duftenden Badezusätze (wieder) und vergessen Sie nicht, sich ein Bad einzulassen, bevor das Wochenende vorbei ist.

☐ Die Bürsten und die Kämme reinigen

Ein Glas Natriumbicarbonat in eine kleine Wanne leeren. Mit Wasser auffüllen. Bürsten, Kämme, Schminkpinsel und diverse Utensilien für die Haare eine ganze Nacht lang einweichen. Mit Essig nachspülen, den man um einige Tropfen ätherisches Zitronenöl ergänzt hat.

BONUS

☐ Die Waschmaschine und den Wäschetrockner reinigen

Siehe Kapitel Wäsche, S. 123.

☐ Die Fußmatten reinigen

Die Fußmatten kräftig ausschütteln, um möglichst viel Staub und Schmutz zu eliminieren. Mit dem Staubsauger und einem schmalen, starren Aufsatz absaugen. Großzügig mit Essig besprühen. Mit Natriumbicarbonat bestreuen. Zwanzig Minuten einwirken lassen. Absaugen.

☐ Die Mülleimer auswaschen

Die Mülleimer entleeren. In einem Eimer einen Liter sehr heißes Wasser und einen Esslöffel flüssiger Schmierseife miteinander vermischen. Einige Tropfen ätherisches Teebaumöl hinzufügen. Den Mülleimer auswaschen. Den Deckel nicht vergessen. Mit Essig nachspülen. Trocknen lassen. Mit Natriumbicarbonat bestreuen, um die Ausbreitung von Bakterien zu vermeiden.

☐ Den Staubsauger reinigen

Der Staubsauger ist wirklich ein großartiges Gerät, das Staub und Schmutz gefangen setzt. Er wandert durch das ganze Haus. Und mit ihm alle in der Bürste feststeckenden Bakterien, Milben und diverse Haare. Kein Grund zur Panik, seinen Staubsauger zu reinigen, ist ein wenig mühsam, geht aber schnell. Muss man es extra in Erinnerung rufen? Es empfiehlt sich, den Staubsauger, bevor man ihn reinigt, vom Netz zu nehmen.

1 – Zuerst den Beutel oder Staubsammelbehälter entleeren. Für die Perfektionisten: Kurz mit einem Tuch und ein wenig Essig durch den Staubsammelbehälter von Staubsaugern ohne Beutel zu wischen, sichert das Verschwinden von Bakterien und Gerüchen.
2 – Anschließend die Filter abmontieren und unter fließendem Wasser ausspülen. Es ist sehr wichtig, sie erst dann wieder zu montieren, wenn sie vollständig trocken sind.
3 – Jetzt ist die Bürste dran. Mit einer Schere verhedderte Haare und Fäden durchschneiden. Herausnehmen. Steckengebliebenen Staub und Staubknäuel entfernen.
4 – Essig auf ein Mikrofasertuch sprühen und die Bürste abreiben.
5 – Den Filter und den Staubsammelbehälter wieder einbauen.

Wasch-KÜCHE

Eine defekte Waschmaschine: der Albtraum! Sie erweist jeden Tag unzählige Dienste. Moderne Geräte verfügen über passende Waschprogramme für jede Art von Wäsche, sogar für die empfindlichsten Teile. Allerdings ist das Ergebnis bezüglich Sauberkeit nicht immer zufriedenstellend. Schlechte Gerüche überstehen das Waschen. Flecken bleiben zurück. Weiße Wäsche vergilbt. Noch unangenehmer: Die Wäsche wird manchmal steif oder sogar hautreizend.

Der Großteil der handelsüblichen Waschmittel und Weichspüler sind teuer und nehmen wenig Rücksicht auf unsere Gesundheit oder auf die Umwelt. Zum Glück gibt es gesundheitsverträgliche, ökologische und preiswerte Alternativen. Das eigene Waschmittel herzustellen, ist ein bisschen wie Kochen. Die Bestandteile wirken zusammen und ergeben ein Resultat, das weit mehr ist als die Summe seiner Teile.

Waschmittel

Waschmittel-Entschlüsselung

Waschmittel dient dazu, die Wäsche zu reinigen, das heißt Schmutz, Flecken und schlechte Gerüche zu beseitigen.

Wenn man sich die Liste der Bestandteile handelsüblicher Waschmittel ansieht, sogar die Bio-Ausführung, wird einem schnell schwindlig. Zehn bis zwanzig Bestandteile, von denen ein Name rätselhafter ist als der andere, wetteifern um Aufnahme in die Liste der Zutaten handelsüblicher Waschmittel. Welche sind das und wozu dienen sie?

– Die **Reinigungsmittel oder Tenside**. Jedes Waschmittel enthält diese Bestandteile. Einer, den wir alle kennen, ist Seife. In chemischer Hinsicht handelt es sich dabei um ein Salz aus einer Fettsäure und einem Natrium- oder Kaliumion. Die Polarität der Bindung zwischen der negativ geladenen, Wasser abweisenden Carboxylatgruppe ($-COO^-$) der Fettsäure und dem positiv geladenen, Wasser anziehenden Natrium-Kation Na^+ macht Seife wasserlöslich. Suchen Sie nicht nach einem Bestandteil „Seife" auf der Liste der Zutaten handelsüblicher Waschmittel, sie verbirgt sich unter anderen Bezeichnungen wie Potassium Cocoate. Oft zieht die Industrie Sulfonsäurensalze den Carboxylaten vor, weil diese in hartem Wasser besser löslich sind.

– **Füllstoffe**, typischerweise alkalische (zu den Basen zählende) Bestandteile wie Natriumcarbonat, die in Wasser gelöst einen basischen pH-Wert aufweisen. Ihre Rolle ist vielfältig:

- Da Tenside in einem basischen Milieu besser wirken, erhöht der Zusatz von basischen Verbindungen in Waschmitteln die Waschkraft der Tenside.
- Handelsübliche Waschmittel müssen unter sämtlichen Bedingungen waschen, unabhängig von der Wasserhärte. Hartes Wasser enthält unter anderem eine hohe Konzentration von Kalzium-Ionen. Die Bindung zwischen der Carboxylatgruppe (dem Anion) der Fettsäuren und den Natriumionen ist schwach. Sobald sie in hartem Wasser gelöst sind, erfolgt ein Austausch zwischen den Natrium-Ionen und den Kalzium-Ionen. Es bildet sich ein nicht wasserlösliches Fettsäure-Kalziumion-Paar, das als nicht lösliche Kalkseife ausfällt. Dadurch bleibt nicht nur weniger Seife für die Reinigung übrig, sondern die Kalkseife kann sich zusätzlich auch ablagern und hinterlässt einen Grauschleier. Je härter also das Wasser ist, desto weniger wirksam werden Waschmittel. Füllstoffe wie alkalische (basische) Verbindungen werden zugesetzt, um das Wasser weicher zu machen.
- Sahnehäubchen: Diese alkalischen Verbindungen helfen dabei, Fette abzubauen, und verstärken auf diese Weise die Fettlösungs- und Fleckenentfernungskraft des Waschmittels.

– **Komplexbildner oder Chelate**. Sie sind dazu da, Kationen – darunter das Kalzium – einzufangen, bevor sie mit den Tensiden reagieren. Im besten Fall handelt es sich dabei um Zeolithe, deren Zusammensetzung jener von Ton nahekommt, im schlimmsten Fall um EDTA oder Ethylendiamintetraessigsäure, das die Umwelt verschmutzt.

– **Bleichmittel**. Diese reagieren mit organischen Verbindungen, oxidieren diese und lösen sie anschließend im Wasser auf. Es handelt sich dabei in erster Linie um Percarbonate oder chlorhaltige Bleichmittel, wie Natriumhypochlorit (Javelwasser).

– **Optische Aufheller** für einen „Weißer-als-Weiß-Effekt". Diese Verbindungen waschen die Wäsche nicht. Im Gegenteil, sie überziehen sie mit einem unsichtbaren optischen Film, der unter Sonneneinstrahlung so fluoresziert, dass die Wäsche weißer aussieht.

– **Enzyme**. Dabei handelt es sich um Proteine, die einen katalytischen Effekt haben, das heißt, sie ermöglichen oder beschleunigen chemische Reaktionen. Was haben sie in Waschmitteln verloren? Sie tragen dazu bei, Flecken zu entfernen, indem sie die chemischen Moleküle abbauen, aus denen diese zusammengesetzt sind. Proteasen zerstören die Proteine, die Lipasen, die Fette, die Amylasen, die Kohlenhydrate. Die Idee ist genial, da werden Sie zustimmen. Es gibt allerdings zwei kleine Wermutstropfen. Zum einen sind Enzyme nicht gegen hohe Temperaturen resistent, ihre Wirkung kommt nur bei Waschgängen mit niedriger Temperatur zur Geltung. Zum anderen kann man sich die Frage stellen, was nach dem Waschen der Wäsche aus den Enzymen wird. Falls diese Enzyme in den Wäschefasern verbleiben, reizen sie dann denn nicht die Haut?

– **Duftstoffe**. Ganz einfach, damit die Wäsche gut riecht. Zahlreiche Duftstoffe wirken sich auf das Hormonsystem aus.

– **Die anderen Bestandteile**. Die Liste ist noch lang: Polymere, Antiwiederabsetzungsmittel, Puffer, um den pH-Wert im gewünschten Bereich zu halten, Zusatzstoffe, um die Schaumbildung zu regulieren, Rostschutzmittel, Konservierungsmittel, Verdickungsmittel.

Flüssigwaschmittel mit Marseiller Seife

Um dieses Universal-Flüssigwaschmittel herzustellen, spielen wir Chemiker – ohne jedes Risiko. Die Konsistenz unterliegt mehreren Wechseln. In einem ersten Schritt löst sich die Seife auf und man erhält eine durchsichtige Lösung. Das Hinzufügen des Natriumbicarbonats und des Borax bewirkt erst die Eindickung der Lösung, dann ihre Gelierung. Unterschiedliche Seifen werden unterschiedliche Konsistenzen ergeben. Manche Waschmittel werden sich in zwei Phasen trennen. Vor Gebrauch ist also kräftiges Schütteln erforderlich. Borax ist verhältnismäßig teuer. Fünfzig Gramm genügen, hundert Gramm sind besser.

Zubehör und Bestandteile für 3 Liter Waschmittel (etwa dreißig Waschgänge)

- Ein Reibeisen
- Ein Kochtopf (mindestens 4 l)
- Ein Messbecher
- Ein Trichter
- Ein Kanister (5 l) samt dazugehörigem Verschluss
- 200 g Marseiller Seife oder Seifenraspel
- 2 + 1 l Wasser
- 100 g Natriumbicarbonat
- 50–100 g Borax
- 1 TL ätherisches Öl nach Wahl: Lavendel, Grapefruit, Ylang-Ylang, Rose

Zubereitung und Anwendung

1 – Die Seife mit einem Reibeisen reiben. Mit 2 Litern Wasser in den Kochtopf schütten. Um die Seife aufzulösen, erhitzen, ohne zum Kochen zu bringen, und dabei mit einem Löffel umrühren. Wenn die Seife sich vollständig in einer durchsichtigen Flüssigkeit aufgelöst hat, vom Herd nehmen. Etwa zehn Minuten abkühlen lassen.

2 – 1 Liter Wasser in den Messbecher leeren. Das Natriumbicarbonat und das Borax ergänzen. Mischen und in den Kochtopf schütten. Die Seifenlösung verdickt sich und wird undurchsichtig. Das ätherische Öl Ihrer Wahl ergänzen.

3 – Den Trichter in die Öffnung des Kanisters stecken. Den Inhalt des Kochtopfs hineinleeren. Vollständig auskühlen lassen.

4 – Mindestens über Nacht ruhen lassen. Das Waschmittel wird sich verfestigen und ein Gel bilden und/oder sich in zwei Phasen trennen. Kräftig schütteln. Das Gel wandelt sich zu einer dicken Flüssigkeit. Das Waschmittel ist fertig.

5 – Das Waschmittel zum Dosieren in einen Dosierbehälter schütten – pro Waschgang etwa 100 ml kalkulieren – und diesen direkt mitten in die Wäsche in die Trommel stellen. Vor jedem Gebrauch schütteln.

ECOCERT
MARSEILLE
OLIVE
GARANTI
EXTRA PUR

Fragen und Antworten

Es ist vermutlich das erste Mal, dass Sie Ihr Waschmittel selbst herstellen und Sie könnten Überraschungen erleben. Hier sind einige Antworten auf Fragen, die sich Ihnen möglicherweise stellen werden.

1 – Mein Waschmittel hat nicht die Konsistenz handelsüblicher Waschmittel. Es ist dickflüssig!
Glückwunsch! Genau so soll es sein. Wenn es Ihnen dennoch zu dickflüssig vorkommt, können Sie immer noch ein wenig Wasser hinzufügen.

2 – Ich habe kein Gel erzielt, warum?
Die Herstellung von hausgemachtem Waschmittel ist keine exakte Wissenschaft. Sie hängt von verschiedenen Parametern ab, insbesondere von der Marseiller Seife und der Wasserhärte. Solange Sie die Anweisungen befolgt haben und alle Bestandteile enthalten sind, sollte Ihr Waschmittel seinen Zweck vollständig erfüllen.

3 – Das Waschmittel hat sich in zwei Schichten abgeschieden, kann ich es noch verwenden?
Die Seife in der Lösung ist nicht wirklich „aufgelöst". Sie bildet Mizellen, die sich nach Art einer Mikro-Emulsion wie kleine Seifentropfen im Wasser befinden. Diese Mizellen sind verhältnismäßig stabil, werden aber rasch durch veränderte Parameter beeinträchtigt: pH-Wert, Hinzufügung von kationenhaltigen Bestandteilen (z. B. Natriumbicarbonat) etc.
Keine Panik falls sich zwei Phasen bilden, das kann passieren. Zum Homogenisieren schütteln oder mit einem Stabmixer umrühren.

4 – Ich habe eine feste Masse herausbekommen, was tun?
Ein wenig heißes Wasser hinzufügen und mit einem Schneebesen mischen.

5 – Mein Waschmittel hat sich in Flocken abgeschieden, wie geronnene Milch, was tun?
Die Mizellen der Seife sind durch das Vorhandensein der Salze (Borax und Natriumbicarbonat) durcheinandergekommen. Das ist normal. Mit einem Stabmixer umrühren oder nach dem Umfüllen in den Kanister kräftig schütteln.

6 – Mein Waschmittel ist zu flüssig.
Zusätzliche 20 bis 30 g Marseiller Seife reiben. In ¼ l Wasser auflösen wie in Schritt 1. Zu Ihrem Waschmittel hinzufügen und vermischen.

7 – Welche Marseiller Seife soll man verwenden?
Im Idealfall hausgemachte Marseiller Seife mit Olivenöl. Nicht nur können Sie sich so über die Bestandteile zu hundert Prozent sicher sein, sondern sie wird zusätzlich auch noch weicher und damit leichter zu reiben sein. Wenn Sie eine Seife aus dem Handel verwenden, achten Sie darauf, dass sie weder Farb- noch Duftstoffe enthält. Sie brauchen Marseiller Seife für den Haushalt, nicht für die Körperpflege.

8 – Warum muss man die Seife reiben?
Geriebene Seife löst sich schneller auf. Je feiner sie gerieben ist, desto schneller wird sie sich auflösen.

9 – Wie lange ist das Waschmittel haltbar?
Die zwei Liter Waschmittel, die Sie herausbekommen, erlauben etwa zwanzig Waschgänge, was vermutlich dem Monatsverbrauch eines Haushalts von 3 bis 4 Personen entspricht. Das Waschmittel bleibt deutlich länger haltbar, 3 bis 6 Monate lang, aber ich habe es immer vor Ablauf dieser Frist aufgebraucht.

10 – Und das Borax, ist das nicht gefährlich? Wozu ist es gut?
Es ist immer gut, mit allen Haushaltsreinigern vorsichtig umzugehen, selbst mit denen, die am harmlosesten erscheinen, wie Essig oder Natriumbicarbonat. Ich empfehle, prinzipiell Handschuhe zu tragen und zu vermeiden, Ihre Zubereitungen tief einzuatmen. Das Borax spielt gleichzeitig die Rolle eines Wasserenthärters und eines Reinigungsmittels. Es ist ein weniger starker Wasserenthärter als Kristallsoda, aber bleibt auch in Wasser gelöst wirksam. Das Borax ermöglicht die Bildung von Wasserstoffperoxid mit starker Waschkraft. Seine Fleckenentfernungswirkung macht sich bei höheren Temperaturen (60 °C) bemerkbar oder in einem basischen Milieu – daher die Bedeutung der Hinzufügung von Natriumbicarbonat.

Waschmittel

Waschpulver

Für diejenigen, die ein mühelos herzustellendes, sofort einsetzbares Mittel bevorzugen, drängt sich die Pulver-Version auf. Dieses Waschmittel ist außerdem höher konzentriert. Die Marseiller Seife wird sich in Ihrer Waschmaschine nur dann ordentlich auflösen, wenn sie fein gerieben ist. Wenn Sie händisch reiben, sollten Sie eine trockene und harte Seife vorziehen. Wenn Sie sich für die Küchenmaschine entscheiden, dann beginnen Sie damit, die Seife in kleine Würfel zu schneiden, und geben Sie diese anschließend gemeinsam mit dem Natriumbicarbonat in die Küchenmaschine. So erhalten Sie ein feines Pulver.

Zubehör und Bestandteile für einen 2-Liter-Kanister (etwa 50 Waschgänge)
- Ein Trichter
- Ein 2-l-Kanister
- 4 Gläser fein geriebene Seife
- 2 Gläser Kristallsoda
- 2 Gläser Natriumbicarbonat
- 1 TL ätherisches Öl nach Wahl: Lavendel, Grapefruit, Ylang-Ylang, Rose

Zubereitung und Anwendung
1 – Den Trichter in die Öffnung des Kanisters stecken. Alle Bestandteile hineinleeren. Zum Mischen schütteln.
2 – Je nach Verschmutzungsgrad 1 bis 3 Esslöffel pro Waschgang direkt in die Trommel leeren.

Waschmittel für weiße Wäsche

Dabei handelt es sich um jenes Waschmittel, das Sie standardmäßig für Putzlappen brauchen und für die Wäsche, die Sie bei hohen Temperaturen waschen.

Zubehör und Bestandteile für einen 2-Liter-Kanister (etwa 50 Waschgänge)
- Ein Trichter
- Ein 2-l-Kanister
- 4 Gläser fein geriebene Seife
- 2 Gläser Kristallsoda
- 2 Gläser Natriumpercarbonat

Zubereitung und Anwendung
1 – Den Trichter in die Öffnung des Kanisters stecken. Alle Bestandteile hineinleeren. Zum Mischen schütteln.
2 – Je nach Verschmutzungsgrad 1 bis 3 Esslöffel pro Waschgang direkt in die Trommel leeren.

Boraxfreies Waschmittel

Wenn es Ihnen nicht gelingt, Borax aufzutreiben, kann es durch Natriumcitrat ersetzt werden. Natriumcitrat ist ein Puffer, der gleichzeitig die Kalzium-Ionen einfängt und den pH-Wert des Waschmittels kontrolliert. Man stellt es her, indem man Zitronensäure und Natriumbicarbonat mischt. Zitronensäure ist eine Tricarbonsäure, was bedeutet, dass es einen Natriumbicarbonat-Überschuss braucht, um das Natriumcitrat zu erzeugen. Das Natriumbicarbonat wirkt auch als Fett- und Fleckenentfernungsmittel und verstärkt die Wirksamkeit der Seife. Der Natriumbicarbonat-Überschuss reicht also über die Neutralisierung des Säuregehalts der Zitronensäure hinaus.

Zubehör und Bestandteile für 2 Liter Waschmittel (etwa 20 Waschgänge)

- Ein Reibeisen
- Ein Kochtopf (mindestens 3 l)
- Ein Messbecher
- Ein Trichter
- Ein Kanister (3 l) samt dazugehörigem Verschluss
- 100 g Marseiller Seife oder Seifenraspel
- 1 + 1 l Wasser
- 200 g Natriumbicarbonat
- 100 g Zitronensäure
- 1 TL ätherisches Öl nach Wahl: Lavendel, Grapefruit, Ylang-Ylang, Rose

Zubereitung und Anwendung

1 – Die Seife mit einem Reibeisen reiben. Mit einem Liter Wasser in den Kochtopf schütten. Um die Seife aufzulösen, erhitzen, ohne zum Kochen zu bringen, und dabei mit einem Löffel umrühren. Wenn sich die Seife vollständig in einer durchsichtigen Flüssigkeit aufgelöst hat, vom Herd nehmen. Etwa zehn Minuten abkühlen lassen.
2 – Inzwischen einen Liter Wasser in den Messbecher leeren. Das Natriumbicarbonat und die Zitronensäure Löffel für Löffel ergänzen. Es folgt ein kräftiges Sprudeln. Mit einem Löffel mischen, bis das Sprudeln aufhört. In den Kochtopf schütten. Die Seifenlösung verdickt sich und wird undurchsichtig. Die ätherischen Öle ergänzen.
3 – Den Trichter in die Öffnung des Kanisters stecken. Den Inhalt des Kochtopfs hineinleeren. Vollständig auskühlen lassen.
4 – Mindestens über Nacht ruhen lassen. Das Waschmittel wird sich verfestigen und ein Gel bilden und/oder sich in zwei Phasen trennen. Kräftig schütteln, um eine Flüssigkeit zu erhalten. Das Waschmittel ist fertig.
5 – Das Waschmittel zum Dosieren in einen Dosierbehälter schütten – pro Waschgang etwa 100 ml kalkulieren – und diesen direkt mitten in die Wäsche in die Trommel geben. Vor jedem Gebrauch kräftig schütteln.

SERAX
Boro 3.3
1000ml

Wollshampoo

Wolle ist weder eine pflanzliche noch eine Kunstfaser, sondern das Haar des Schafes. Da sie empfindlich ist, wäscht man sie kalt, mit einem entsprechenden Waschmittel und einem speziellen Waschprogramm. Deutlicher gesagt, vermeidet man zu aggressive Bestandteile, wie Kristallsoda oder Borax. Die Zitronensäure verhindert Ablagerungen auf der Wäsche, es ist nicht erforderlich, einen Weichspüler zu verwenden. Unter uns ein kleines Geheimnis: Bei Wollwaschmittel-Knappheit können Sie ohne jedes Risiko auch Haarshampoo – insbesondere Babyshampoo – als Waschmittel für Ihre Lieblings-Wollpullover verwenden.

Zubehör und Bestandteile für einen 1-Liter-Kanister (etwa 20 Waschgänge)

- Ein Reibeisen
- Ein Kochtopf (mindestens 1 l)
- Ein Schneebesen
- Ein Trichter
- Ein Kanister (2 l) samt dazugehörigem Verschluss
- Ein Glas
- 50 g Seife
- ½ l Wasser + 100 ml
- 5 Tropfen ätherisches Thymianöl
- 20 Tropfen ätherisches Lavendelöl
- 1 EL Natriumbicarbonat
- 1 EL Zitronensäure

Zubereitung und Anwendung

1 – Die Seife mit einem Reibeisen reiben. Mit dem Wasser in den Kochtopf schütten. Um die Seife aufzulösen, erhitzen, ohne zum Kochen zu bringen, und dabei mit einem Schneebesen umrühren.

2 – Wenn sich die Seife vollständig in einer durchsichtigen Flüssigkeit aufgelöst hat, vom Herd nehmen. Etwa zehn Minuten abkühlen lassen. Die ätherischen Öle hinzufügen.

3 – Inzwischen einen Liter Wasser in ein Glas leeren. Das Natriumbicarbonat und dann die Zitronensäure ergänzen: Das schäumt! Es kommt zu einem kräftigen Sprudeln. Die Reaktion zwischen dem Natriumbicarbonat und der Zitronensäure erzeugt Natriumcitrat und ein Freiwerden von CO_2. Mischen, um die Reaktion zu beschleunigen. Warten, bis das Sprudeln aufhört.

4 – Den Inhalt des Glases in den Kochtopf leeren. Die Textur verändert sich. Mit einem Schneebesen und dann mit einem Stabmixer mischen.

5 – Den Trichter in die Öffnung des Kanisters stecken. Den Inhalt des Kochtopfs hineinleeren. Eine undurchsichtige weiße Creme füllt den Kanister.

6 – Mindestens über Nacht ruhen lassen. Das Waschmittel verfestigt sich und bildet ein Gel. Kräftig schütteln. Das Gel wandelt sich zu einer Flüssigkeit. Das Waschmittel ist fertig.

7 – Das Waschmittel zum Dosieren in einen Dosierbehälter schütten – pro Waschgang etwa 50 ml kalkulieren – und diesen direkt mitten in die Wäsche in die Trommel stellen. Vor jedem Gebrauch schütteln.

Seidenbad

Seide ist wirklich sehr empfindlich, es empfiehlt sich, sie mit der Hand zu waschen. Neuere Waschmaschinen haben alle ein Seidenprogramm, das bei kalten Temperaturen wäscht und bei geringer Geschwindigkeit schleudert. Das Schleudern bringt in der Tat die Gefahr mit sich, die Fasern zu brechen und die Kleidungsstücke zu deformieren.

Zubehör und Bestandteile für ein Kleidungsstück

- Eine kleine Wanne
- Ein Glas Essig

Anwendung

1 – Die Wanne mit kaltem Wasser füllen. Den Essig hinzufügen.

2 – Das Kleidungsstück eintauchen. Sanft durchkneten. Etwa dreißig Minuten einweichen.

3 – Das Wasser aus der Wanne wegschütten. Die Wanne mit Wasser füllen. Das Kleidungsstück sanft durchkneten. Aus dem Wasser nehmen. Durch Einrollen in ein Frotteehandtuch das überschüssige Wasser aufnehmen. Flach aufgelegt oder auf einem Kleiderbügel trocknen lassen.

800

Waschmittel nach Maß

Cool, wir machen Waschmittel-Spezialanfertigungen! Es ist unmöglich, ein Waschmittel herzustellen, das allen Umständen gerecht wird, ohne petrochemische, toxische oder die Umwelt verschmutzende Bestandteile hinzuzufügen. Und ehrlich gesagt – ein Waschmittel für dies, ein Waschmittel für das, ist ja schön und gut, aber ein Waschmittel, das sich anpasst, ist noch besser.

Beginnen wir damit, die unentbehrlichen Bestandteile eines Waschmittels zu wiederholen:

- Seife. Meine bevorzugte ist die Marseiller Seife aus zwei Bestandteilen: Olivenöl und Natriumhydroxid (S. 30). Handelsübliche Marseiller Seife genügt auch, vergewissern Sie sich aber, dass sie keine Farbstoffe enthält. Ich bin auch ein Fan von auf Vorrat hergestellter Gelseife. Ich finde, dass man diese wesentlich leichter dosieren kann – und vor allem löst sie sich ganz sicher in der Waschmaschine auf.

Gelseife

Bestandteile

- Ein Reibeisen
- Ein Kochtopf
- Ein Trichter
- Ein Kanister
- 100 g Marseiller Seife
- 2 l Wasser

Zubereitung

1 – Die Seife reiben. Mit dem Wasser in den Kochtopf schütten. Um die Seife aufzulösen, erhitzen, ohne zum Kochen zu bringen, und dabei mit einem Schneebesen umrühren.
2 – Wenn die Seife sich vollständig in einer durchsichtigen Flüssigkeit aufgelöst hat, vom Herd nehmen. Etwa zehn Minuten abkühlen lassen.
3 – Den Trichter in die Öffnung des Kanisters stecken. Den Inhalt des Kochtopfs hineinleeren.

- Kristallsoda für einen basischen pH-Wert, der die Wirksamkeit der Seife erhöht.
- Natriumpercarbonat für weiße Wäsche oder Natriumbicarbonat für Buntwäsche.
- Essig und (wahlweise) ätherische Öle im Fach für den Weichspüler.

Welche Mengen?

– 1 kleines Glas (100 ml) Gelseife (etwas mehr, wenn das Wasser sehr hart und/oder die Wäsche sehr schmutzig ist).
– ½ Glas Kristallsoda (etwas mehr, wenn das Wasser sehr hart ist).
– ½ Glas Natriumpercarbonat ODER Natriumbicarbonat.
– 1 Glas Essig mit einigen Tropfen ätherischem Öl im Fach für den Weichspüler.

Unterstützung für das Waschmittel

Bei sehr hartem Wasser

Ein kleines Glas Natriumbicarbonat zusätzlich zum Waschmittel direkt in die Trommel geben.

Um Gerüche zu beseitigen (Schweiß, Tabak ...)

Ein kleines Glas Natriumbicarbonat zusätzlich zum Waschmittel direkt in die Trommel geben.

Für flauschige Handtücher

Ein halbes Glas Kristallsoda zusätzlich zum Waschmittel direkt in die Trommel geben.

Um weißer als weiß zu waschen

Ein halbes Glas Natriumpercarbonat zusätzlich zum Waschmittel direkt in die Trommel geben.
Oder
Bei empfindlicher Wäsche ein halbes Glas Borax und ein halbes Glas Natriumbicarbonat zusätzlich zum Waschmittel direkt in die Trommel geben.
Oder
Ein Säckchen Backpulver zusätzlich zum Waschmittel direkt in die Trommel geben.
Oder
Wäsche mit hartnäckigen Flecken eine Nacht lang in einer Wanne mit Wasser sowie einem Glas Kristallsoda und einem halben Glas Wasserstoffperoxid einweichen, bevor man sie in der Waschmaschine wäscht.
Oder
Gegen das Grau, das sich nach und nach auf der Wäsche ausbreitet, ein halbes Glas Natriumbicarbonat zusätzlich zum Waschmittel direkt in die Trommel geben.

Um Buntes zu waschen

Die Farben trennen: Gelb mit Gelb, Rot mit Rot – andernfalls läuft man Gefahr, eine neue Garderobe in Orange zu erhalten.

Um Farben aufzufrischen, die Wäsche über Nacht in Essigwasser einweichen.

Um Schwarzes zu waschen

Immer links waschen, vorzugsweise mit Flüssigwaschmittel. Über Nacht in Essigwasser einweichen.

Essigweichspüler

Kalk macht die Wäsche spröde. Essig ermöglicht, eine Ablagerung von Kalk und Kalkseife auf den Kleidungsstücken zu vermeiden; mit seiner Hilfe kommt die Wäsche kuschelweich aus der Maschine. Natürlich kann das Lavendelöl durch jedes andere ätherische Öl ersetzt werden. Ich mag von Zeit zu Zeit Vanille recht gern, für den Hauch eines süßen Dufts auf den Handtüchern oder den kleinen Wäschestücken. Vor Gebrauch immer gut schütteln, um das ätherische Öl zu verteilen.

Zubehör und Bestandteile für 1 Liter Weichspüler
- Eine Flasche Essig
- 1 TL ätherisches Lavendelöl

Zubereitung
1 – Das ätherische Öl zum Essig hinzufügen. Schütteln.
2 – Ein Glas pro Waschgang in das Fach für den Weichspüler gießen.

Flüssigwasch-
mittel mit
marseiller Seife

Und die Flecken?

Gerne würde man in einer wunderbaren Welt leben, in denen Fußballshorts niemals Grasflecken bekommen, wo niemals Rotwein auf dem Tisch verschüttet wird und Schweißflecken nicht existieren. Aber diese Welt muss erst noch erfunden werden. Bis dahin muss man sich um die Flecken kümmern.
Oft ist es das Beste, sofort zu handeln und zu versuchen, den Fleck so gut wie möglich zu entfernen, bevor man das schmutzige Kleidungsstück in die Maschine gibt. Ein eingetrockneter, verkrusteter oder, noch schlimmer, ein eingebügelter Fleck wird nicht mehr verschwinden. Man muss daher immer erst versuchen, den Fleck zu entfernen, bevor man die Waschmaschine einschaltet.

Fettflecken

Fettflecken erfordern eine Behandlung, die sich radikal von der aller anderen Flecken unterscheidet. Bevor man loslegt, gilt es also, sich die Frage zu stellen, ob es sich um Fett handelt: Öl, fettige Sauce, Butter ...

Mit Ton bestreuen: Schlämmkreide oder Pfeifenerde. Sanft abreiben, damit der Ton so viel Fett wie möglich absorbiert. Den überschüssigen Ton entfernen. Vor dem Waschen in der Maschine eine kleine Menge unverdünntes Flüssigwaschmittel auf den Fleck gießen.
Oder
Mit Pfeifenerde-Fleckenseife (S. 31) abwischen und dann abreiben. In heißem Wasser mit Kristallsoda einweichen. Vor dem Waschen in der Maschine wiederum mit der Fleckenseife abreiben.
Oder
Mit Alkohol-Zitrusfruchtschalen-Spray (S. 28) besprühen und in heißem Wasser mit Kristallsoda einweichen. Vor dem Waschen in der Maschine eine kleine Menge unverdünntes Flüssigwaschmittel auf den Fleck gießen.

Blut-, Ei- und Proteinflecken

Niemals warmes Wasser verwenden! Warmes Wasser lässt das Blut gerinnen. Der Fleck geht nicht mehr heraus.
Proteine bestehen aus Aminosäuren. Diese Aminosäuren sind miteinander verbunden, einerseits durch starke kovalente Bindungen, die das Skelett des Moleküls bilden, andererseits durch schwache Wasserstoffbindungen, die die dreidimensionale Struktur des Moleküls sichern. Bei Raumtemperatur und in ihrem natürlichen Zustand sind diese Proteine wasserlöslich. Unter Hitzeeinwirkung lösen sich die Wasserstoffbindungen. Das Molekül büßt seine Struktur ein und kann so Bindungen mit anderen Molekülen eingehen – man nennt das Gerinnung. Ab dem Zeitpunkt, wo die Proteine geronnen sind, sind sie nicht mehr wasserlöslich. Es gibt etliche weitere Faktoren, die Proteine gerinnen lassen können: Säuren, starke Basen, Harnstoff, ultraviolette Strahlen ...
Beim Umgang mit Proteinflecken ist äußerste Vorsicht geboten. Zunächst einmal vermeidet man Hitze, Säuren und Kristallsoda.
Mit kaltem Wasser abspülen. In eine Schüssel mit Wasser so viel Salz hinzufügen, bis es sich nicht mehr auflöst. In dieser gesättigten Salzlösung einweichen.
Oder
Mit kaltem Wasser abspülen. Einer Schüssel mit Wasser einen Esslöffel Natriumpercarbonat hinzufügen (Vorsicht, Percarbonat ist ein Bleichmittel). Einweichen.
Oder
Mit Wasserstoffperoxid abtupfen (Vorsicht, Wasserstoffperoxid bleicht die Farben aus). Mit kaltem Wasser nachspülen. Falls nötig, wiederholen.
Oder
Bei einem „eingebrannten" Fleck: Mit kaltem Wasser abspülen. Eine Aspirin-Tab-

lette in einer Schüssel auflösen. In dieser Aspirin-Lösung einweichen.
Oder
Mit Enzymen (Proteasen) abtupfen. Wo finden sich Proteasen? Die Ananas weist einen hohen Anteil Bromelain auf, jener Protease, die in der Lebensmittelindustrie verwendet wird, um Fleisch zarter zu machen. Die stärkste Bromelain-Konzentration findet sich im Blattschopf. Bei einem hartnäckigen Fleck riskieren wir eine Ananas. Den Blattschopf der Ananas abschneiden. Den Fleck mit dem Anschnitt abreiben. Den Blattschopf auf dem Fleck belassen und ein oder zwei Stunden einwirken lassen. Mit kaltem Wasser abspülen.

Grasflecken

Chlorophyll hat einen hydrophilen und einen hydrophoben Teil. Das bedeutet, dass es weder vollständig in Wasser löslich ist noch in Lösungsmitteln auf Erdölbasis (Waschbenzin, auch White Spirit genannt). Es braucht daher ein wenig Muskeleinsatz und Alkohol oder Säure, um dem Chlorophyll beizukommen.

Mit Alkohol (70 Vol.-%) abtupfen.
Oder
In Essigwasser einweichen.
Oder
Mit dem Anschnitt einer Zitrone abreiben.
Oder
Alkohol mit Zitrusfruchtschalen (S. 28) aufsprühen.

Schweißflecken

In Essigwasser einweichen.
Oder
Mit dem Anschnitt einer Zitrone abreiben.
Oder
Weiße Kleidungsstücke in Natriumpercarbonat einweichen.

Rotweinflecken

Auch hier ist es das Beste, sofort zu handeln:

Soviel Rotwein wie möglich mit einem Schwamm aufsaugen und mit Salz bestreuen, um zu verhindern, dass der Fleck sich ausbreitet.
Dann:
Mit Wasserstoffperoxid und flüssiger Schmierseife eine Paste anrühren. Den Fleck damit tränken. Ein oder zwei Stunden einwirken lassen. Mit kaltem Wasser abspülen.
Oder
Mit Alkohol (70 Vol.-%) abtupfen.
Oder
Mit Wasser und Natriumbicarbonat eine Paste anrühren. Den Fleck damit tränken. Ein oder zwei Stunden einwirken lassen. Mit kaltem Wasser abspülen.

Schmierfett/Heizöl

Gibt es im Haus einen Bastler oder Mechanikerlehrling? So wird man Schmierölflecken los: Immer damit beginnen, den Überschuss mit einer Metallspachtel oder einem Messer zu entfernen.
Dann:
Großzügig Butter oder Speiseöl auftragen. Mit Pfeifenerde bestreuen. Leicht einmassieren. Ein oder zwei Stunden einwirken lassen. Den überschüssigen Ton entfernen. Vor dem Waschen in der Maschine etwas unverdünntes Waschmittel direkt auf den Fleck gießen.
Oder
Mit Terpentin abtupfen. Mit Pfeifenerde bestreuen. Leicht einmassieren. Ein oder zwei Stunden einwirken lassen. Den überschüssigen Ton entfernen. Vor dem Waschen in der Maschine etwas unverdünntes Waschmittel direkt auf den Fleck gießen.
Oder
Vor dem Waschen in der Maschine großzügig mit Pfeifenerde-Fleckenseife (S. 31) abreiben.
Oder
In kochendem Wasser mit Kristallsoda und flüssiger Schmierseife einweichen. Grob auswringen. In der Waschmaschine waschen.

WASCHBÄLLE
Waschbälle intensivieren die mechanische Wirkung der Rotation der Waschtrommel, indem sie die Wäsche klopfen wie die Wäscherinnen von anno dazumal. Wenn sie besser geklopft wird, wird die Wäsche sauberer. Waschbälle verbessern auch die Wirkung des Schleudergangs.
Um den gewünschten Effekt zu erzielen, muss man ein halbes Dutzend Bälle kalkulieren. Die handelsüblichen Bälle sind zugleich schwer, elastisch und rau. Sie sind leider auch recht teuer. Tischtennisbälle haben die richtige Größe, sind aber leider zu leicht und erfüllen nicht die Anforderung eines mechanischen Klopfens. Golfbälle sind perfekt, aber zu hart und zu laut. Außer man bastelt eine Spezialanfertigung ...

Andere Flecken

Manche Flecken reagieren auf Säuren, andere auf Basen. In dieser Reihenfolge ausprobieren:

- Wasser-Natriumbicarbonat-Paste auftragen.
- In Kristallsoda einweichen.
- Mit Essig abtupfen.
- Mit dem Anschnitt einer Zitrone abreiben.
- Mit Pfeifenerde-Fleckenseife (S. 31) abreiben.
- Mit flüssiger Schmierseife tränken und einweichen.
- In einem Wasserbad mit Kristallsoda und Natriumpercarbonat einweichen.
- Alkohol mit Zitrusfruchtschalen (S. 28) aufsprühen.

Hausgemachte Waschbälle

Zubehör

- 6 Golfbälle
- 3 Paar Kniestrümpfe oder 3 Strumpfhosen

Zubereitung und Anwendung

1 – Einen Golfball in den Fußteil des Kniestrumpfs stecken (Alternative: Ein Strumpfhosenbein abschneiden und den Ball in den Fußteil stecken).
2 – Den Kniestrumpf waagrecht halten. Den Ball mit einer Hand nehmen und zweimal vollständig waagrecht um sich selbst drehen, um ihn ganz fest einzuschließen. Den Kniestrumpf über den Ball stülpen.
3 – Schritt 2 bis 10 Zentimeter unter den Rand des Kniestrumpfs wiederholen.
4 – Einen Knoten machen, um den Ball zu blockieren.
5 – Mit jedem der Bälle so verfahren.
6 – Die 6 Bälle mit der Wäsche in die Waschtrommel tun und die Waschmaschine wie gewohnt laufen lassen. Die Bälle können selbstverständlich bei jedem weiteren Waschgang wiederverwendet werden.

WÄSCHEKORB
Im Wäschekorb wartende Wäsche? Um die Ausbreitung von Bakterien und von schlechten Gerüchen zu vermeiden, sollten Sie einen Natriumbicarbonat-Reflex entwickeln. Ein halbes Glas Natriumbicarbonat im Wäschekorb ausstreuen. Anschließend können Sie die Wäsche mitsamt dem Natriumbicarbonat in die Maschine tun, der Waschgang wird dadurch nur noch wirksamer werden.

Waschmaschinen-wartung

Kümmern Sie sich um Ihre Waschmaschine und sie wird sich um Ihre Wäsche kümmern.

Die Dichtung

Bei Frontlader-Waschmaschinen mit Bullauge die Dichtung nach jedem Waschgang überprüfen. Dort finden sich Gegenstände aller Art: Münzen, Haarnadeln, aber auch Socken oder Haare ...

Um zu vermeiden, dass sich in der Dichtung Schimmel bildet

- Die Dichtung regelmäßig mit einem Mikrofasertuch abwischen.
- Die Tür offenstehen lassen.
- Einmal pro Woche einen Waschgang bei Maximaltemperatur durchführen. Das Waschen der Bodentücher und Putzlappen bietet dafür den besten Vorwand.

Wenn sich bereits Schimmel breitgemacht hat, zunächst mit einem Tuch abwischen. Anschließend Essig, mit ein wenig ätherischem Teebaumöl ergänzt, aufsprühen, dann mit einer Zahnbürste schrubben und trockenwischen.

Die Trommel

Der wöchentliche Waschgang bei 90 °C sollte ausreichen, um sie sauber zu halten. Wenn sie ihren Glanz verliert und sich mit einem Kalk- oder Kalkseifenschleier überzieht, ein kleines Glas Zitronensäure direkt in die Trommel leeren und die Maschine bei Maximaltemperatur leer durchlaufen lassen.

Der Waschmittelbehälter

Den Waschmittelbehälter herausnehmen. Unter fließendem Wasser abspülen, um den Großteil der Waschmittel- und Weichspülerrückstände zu entfernen. Essig versprühen. Abschrubben, um jeden Rest von Waschmittel und allenfalls Schimmel zu eliminieren. Abspülen. Abtrocknen. Wieder einsetzen.

Das Flusensieb

Doch, doch, alle Waschmaschinen haben einen Filter. Er versteckt sich hinter einem abnehmbaren Deckel. Dort findet man alles, was man in den Taschen der Kleidungsstücke vergessen hat, die man ein bisschen zu schnell in die Waschmaschine getan hat.

Es ist ratsam, es zumindest zweimal jährlich zu entleeren. Abschrauben, ausleeren, mit Essig benetzen, abbürsten. Wieder einbauen.

Die Wäsche trocknen

Ideal ist eine Trocknung in der Sonne und an der frischen Luft. Die gemeinsame Wirkung der UV-Strahlen und der Wärme verleihen der Sonne starke antibakterielle Kräfte. Die ultravioletten Sonnenstrahlen reagieren mit dem im Wasser gelösten Sauerstoff und formen freie Radikale, die Krankheitserreger abtöten. Darüber hinaus beeinträchtigt die direkte UV-Einstrahlung den Metabolismus mancher Bakterien und eliminiert sie. Und schließlich beschleunigt die Wärme der Infrarotstrahlung die Wirkung der ultravioletten Strahlen.

Ein Kleidungsstück aus Seide oder aus Wolle vortrocknen und trocknen

1 – Das Kleidungsstück sorgfältig flach und faltenfrei auf einem Frotteehandtuch ausbreiten.
2 – Das Handtuch einrollen, sodass das Kleidungsstück darin eingeschlossen wird.
3 – Auf die so entstandene Rolle drücken, ohne sie zu verdrehen, damit das Handtuch ein Maximum an Wasser aufnimmt.
4 – Flach aufgelegt oder auf einem Kleiderbügel trocknen lassen.

Der Wäschetrockner

Stimmt schon, ein Wäschetrockner ist nicht gerade sonderlich ökologisch, aber wenn man in einer kleinen Wohnung lebt oder in einem Land, wo es dauernd regnet, dann ist er schon recht praktisch. Er erleichtert einem wirklich das Leben, insbesondere wenn es um das Trocknen der Bettwäsche oder von Handtüchern geht. Um zu verhindern, dass die Wäsche im Trockner zerknittert, ist es sehr empfehlenswert, Trocknerbälle zu verwenden.

Mini-Trocknerbälle

Zubehör für 6 Bälle
- 6 Golfbälle
- 3 Paar Socken

Zubereitung und Anwendung
1 – Einen Ball in den Fußteil der Socke stecken.
2 – Die Socke waagrecht halten. Den Ball mit einer Hand nehmen und zweimal vollständig waagrecht um sich selbst drehen, um ihn ganz fest einzuschließen. Die Socke über den Ball stülpen.
3 – Schritt 2 bis zum Ende der Socke wiederholen.
4 – Mit jedem der Bälle so verfahren.

Trocknerbälle aus Wolle

Für 100 % hausgemachte Trocknerbälle nach Maß gibt es nichts Besseres als Bälle aus Wolle. Das Prinzip ist einfach: Man wickelt einen Wollfaden so lange um sich selbst, bis man einen schön runden und richtig festen Ball bekommt. Diese Bälle muss man vor ihrem ersten Einsatz waschen, damit sie verfilzen und um zu verhindern, dass sie Flusen auf der zu trocknenden Wäsche hinterlassen.

Material für 6 Bälle

- Eine Wollnadel oder eine Häkelnadel
- 2 Knäuel aus 100 % reiner Wolle
- Eine alte Strumpfhose
- 2 m Schnur

Zubereitung und Anwendung

1 – Die Wolle etwa zehn Mal um Zeige- und Mittelfinger wickeln. Diese Wicklung von den Fingern abziehen und sichern, indem man mittig im rechten Winkel dazu den Wollfaden wiederum etwa zehn Mal herumwickelt. Das ist der Kern des Balls.

2 – Die Wolle so fest wie möglich um diesen Kern wickeln, um eine möglichst runde und feste Form zu erhalten. Den Ball dabei um die eigene Achse drehen, damit sich die Wolle im Laufe des Aufwickelns gleichmäßig verteilt. Weitermachen bis der Ball die Größe eines Tennisballs erreicht hat.

3 – Den Wollfaden abschneiden. In die Nadel einfädeln. Mehrmals durch die Mitte der Kugel stechen, um die letzten Runden Wolle und dann das Ende des Fadens zu fixieren.

4 – Den Vorgang wiederholen, um 6 Bälle zu erhalten.

5 – Einen Ball bis an die Fußspitze in den Strumpf stecken. Durch Abbinden mit einem Stück Schnur fixieren. Mit den anderen Bällen ebenso verfahren. Man erhält eine Schlange von Bällen.

6 – Heiß waschen, um die Wolle zu verfilzen. Ein Waschgang mit Handtüchern ist dafür ideal. Im Wäschetrockner trocknen. Aus dem Strumpf nehmen. Und schon hat man schöne, weiche Trocknerkugeln.

7 – Gemeinsam mit der nassen Wäsche in den Wäschetrockner tun. Die Kugeln werden die Wäsche durchmischen, die auf diese Weise schön weich bleibt. Für parfümierte Wäsche ein paar Tropfen ätherisches Öl auf die Kugeln geben, bevor man sie in den Wäschetrockner gibt.

Duftsäckchen

Noch einfacher als ätherische Öle verleihen getrocknete Kräuter der Wäsche einen feinen Duft.

Zubehör und Bestandteile

- Ein Kniestrumpf
- 50 g getrocknete Kräuter nach Wahl (Pfefferminze, Zitronenmelisse, Lavendel)

Zubereitung und Anwendung

1 – Die Kräuter in den Kniestrumpf füllen. Mit einem Knoten möglichst eng abschnüren.

2 – Vor dem Einschalten im Wäschetrockner platzieren.

INSTANDHALTUNG DES WÄSCHETROCKNERS

Nachdem man ihn nur mit sauberer Wäsche befüllt, wird der Wäschetrockner nicht wirklich schmutzig. Es ist jedoch unerlässlich, ihn von den Flusen zu befreien und die Filter nach jedem Gebrauch zu reinigen. Man sollte ebenfalls darauf achten, den Wasserbehälter jedes Mal zu entleeren.

Bügeln

Bügeln ist weniger mühsam als viele andere Arbeiten im Haus. Währenddessen kann man Fernsehen, Radiohören und sogar Tanzen! Gut, ich bin nicht sehr überzeugend, ich lasse es besser. Wenn das Bügeleisen ordentlich gleitet und der Dampf problemlos austritt, klappen die Dinge in weiterer Folge wesentlich besser. Es ist daher wichtig, darauf zu achten, dass das Bügeleisen oder die Dampfstation nicht verkalken und die Unterseite des Bügeleisens sauber bleibt.

Das Bügeleisen mit Essig entkalken

1 – Den Wasserbehälter des Bügeleisens entleeren. Eine Mischung aus einem Teil Wasser und einem Teil Essig vorbereiten. Den Behälter mit diesem Gemisch füllen.
2 – Das Bügeleisen erhitzen und das Gemisch verdampfen lassen. Der Essig löst den Kalk und macht die Öffnungen der Bügeleisenunterseite frei.
3 – Den Behälter mit destilliertem Wasser füllen und dieses verdampfen lassen, um allfällige Essigreste zu eliminieren.
4 – Das Bügeleisen wie gewohnt verwenden.

Die Dampfaustrittsöffnungen freimachen

Zubehör und Bestandteile
• Ein Glas Essig • 1 EL feines Salz
• Ein kleiner Kochtopf • Wattestäbchen

Zubereitung und Anwendung
1 – Das Salz und den Essig in den Kochtopf leeren. Erhitzen, um das Salz aufzulösen. Vom Herd nehmen.
2 – Ein Wattestäbchen in den Salzessig tauchen und die Dampfaustrittsöffnungen mit dem Wattestäbchen abreiben, um den Kalk und die Rückstände herauszulösen

Die Unterseite des Bügeleisens mit Essig und Salz reinigen

Zubehör und Bestandteile
• Ein Tuch • Eine Handvoll Salz
• Eine Sprühflasche Essig

Anwendung
1 – Essig auf dem Tuch versprühen. Mit Salz bestreuen. Die Unterseite des Bügeleisens abreiben.
2 – Mit einem feuchten Tuch abwischen.

Mit Hitze und Salz

Zubehör und Bestandteile
• Ein Blatt Backpapier • Ein Tuch
• 1 oder 2 EL feines Salz

Anwendung
1 – Das Backpapier auf dem Bügelbrett ausbreiten. Das Salz darauf ausschütten.
2 – Das Bügeleisen ohne Dampf auf Maximalhitze bringen und die Unterseite einige Minuten lang über das Salz reiben.
3 – Das Bügeleisen ausschalten. Mit der Unterseite auf dem Salz abkühlen lassen.
4 – Wenn das Bügeleisen ausgekühlt ist, die Unterseite mit einem feuchten Tuch abwischen.

Mit Zahnpasta

Zubehör und Bestandteile
• Eine Zahnbürste
• Zahnpasta
• Ein Tuch

Anwendung
1 – Etwas Zahnpasta auf die Zahnbürste aufbringen. Die Unterseite abbürsten.
2 – Mit einem feuchten Tuch abwischen.
3 – Den Wasserbehälter mit destilliertem Wasser füllen. Das Bügeleisen erhitzen und das gesamte Wasser verdampfen lassen. Abwischen.

Ein Haus ohne Küchenrolle oder Küchenpapier

Die Küchenrolle, man kommt nicht umhin, das zuzugeben, ist eine schöne Erfindung. Sie hat die Küche und sogar die anderen Räume der Wohnung erobert. Wie ist man früher nur ohne sie ausgekommen? Mit Hilfe von Schwämmen, Stoffservietten und Putzlappen.

Bei Tisch

Die gute alte Stoffserviette hat ihre Zukunft noch nicht hinter sich. Sie erfordert eine kleine Investition. Wenn man sich schon die Mühe macht, auf Tischwäsche umzustellen, kann man sich ebenso gut eine Freude bereiten – mit schönen Servietten, die man gerne benutzen wird. Entscheidend ist der Stoff: Er muss gut absorbieren und sich gleichzeitig angenehm anfühlen. Niemand hat Lust, sich den Mund mit einem Reibeisen abzuwischen. Stoffservietten können mehrere Mahlzeiten lang verwendet werden. Jeder versorgt nach dem Essen seine Serviette auf seine eigene Art, um sie wieder zu erkennen. Und wer behauptet, dass Serviettenringe altmodisch sind?
Wie viele davon braucht man? Ein Dutzend für eine vierköpfige Familie.

Um auf kleine Unfälle zu reagieren

Ein verschüttetes Glas Orangensaft, Milch, die überläuft, so etwas kommt in jedem Haushalt vor. Allzweck-Schwammtücher haben eine quadratische Form von 20 Zentimetern Seitenlänge und sind nur einige Millimeter dick. Sie absorbieren mehr und gründlicher als Küchenrolle und reißen außerdem nicht. Schwammtücher sind in der Waschmaschine waschbar.
Wie viele davon braucht man? Etwa zehn Stück.

Um Kleinkindern die Hände und den Mund abzuwischen

Das Lätzchen aus Frottee für die ganz Kleinen findet in den meisten Familien Verwendung. Warum eine gute Angewohnheit aufgeben ... Kleine Handtücher, hergestellt vielleicht aus alten Badezimmerhandtüchern, erfüllen hervorragend ihren Zweck.
Wie viele davon man braucht? Ein Dutzend.

Um Frittierfett zu absorbieren

Klarer Fall, kein Mensch möchte das mit einem Geschirrtuch tun. Trotzdem gibt es Alternativen zur Küchenrolle. Ich bewahre Einkaufstüten aus Papier auf und verwende sie so lange wie möglich. Irgendwann bekommen sie Löcher oder reißen. Das ist aber noch nicht das Ende ihrer Laufbahn: Aufgeschnitten und schön flach ausgebreitet, geben sie eine weiche Unterlage ab, um Frittiertes in Empfang zu nehmen.

Um Blattgemüse zu reinigen und/oder aufzubewahren
Rückkehr vom Markt, mit haufenweise Gemüse im Korb. Man sortiert, man wäscht, man verstaut. Blattgemüse profitiert davon, auf einer kleinen Unterlage liegend aufbewahrt zu werden, die überschüssige Feuchtigkeit aufnimmt und zugleich ein Verwelken der Blätter verhindert. Ein Mikrofasertuch auf dem Boden des Gemüsefachs wird denselben Zweck erfüllen wie ein paar Blätter Küchenrolle. Bevor man den Schritt zu dieser Neuerung macht, ist es ganz entscheidend, seine Wäsche nicht mehr mit handelsüblichem Weichspüler zu waschen, auch nicht in Bio-Ausführung.
Wie viele davon braucht man? Drei oder vier.

Um Küchenkräuter aufzubewahren
Frische Kräuter, wie Minze oder Koriander, halten sich länger, wenn man sie im Kühlschrank in einer Dose mit feuchter Unterlage verwahrt. Wie schon beim Blattgemüse sind kleine Mikrofasertücher dafür bestens geeignet.
Wie viele davon braucht man? Drei oder vier.
Kräuter wie Petersilie, Thymian oder Oregano halten sich genauso gut in einem Glas Wasser. Außerdem sieht das in der Küche auch noch hübsch aus.

Für die schmutzigsten Arbeiten
In allen Haushalten gibt es Tätigkeiten, die richtig Schmutz machen. Das Ergebnis sind Brand-, Gras-, Rost- und Farbflecken oder eine Mischung aus allem. Halten Sie aus alten Kleidungsstücken geschnittene Putzlappen vorrätig. Damit wischt man, ohne zu zögern, selbst die schlimmsten Flecken weg. Man kann ja immer noch versuchen, sie hinterher zu waschen. Und wenn dann Spuren übrigbleiben, wandern sie in den Mülleimer, ohne dass man deswegen ein schlechtes Gewissen hätte.
Wie viele davon man braucht? Ein halbes Dutzend.

Arbeits-zimmer

Immer mehr Menschen arbeiten heute von zu Hause aus, an einem oder mehreren Tagen pro Woche. Ein entsprechendes Zimmer oder zumindest eine Arbeitsecke ist angebracht, um unter guten Bedingungen arbeiten zu können. Im Unterschied zur Firma kommt der Reinigungsdienst aber nicht jeden Abend vorbei. Man muss sich selbst darum kümmern. Allerdings sind Computer in unserem Alltag verhältnismäßig neue Gegenstände. Es gibt keinen Trick von der Oma, um die Tastatur zu reinigen. Man behilft sich daher mit den entsprechenden handelsüblichen Produkten, ohne eine rechte Ahnung davon zu haben, wie man es sonst anstellen könnte. Dabei ist es wirklich keine Hexerei. Folgen Sie der Anleitung.

IT-Ausrüstung

Eine Computertastatur reinigen

Kein sehr glamouröser Einstieg, aber es ist nun einmal so: Computertastaturen sind wahre Bakterienkulturen. Sie wimmeln nur so vor Krankheitserregern und Bakterien. Gleichzeitig muss man mit der IT-Ausrüstung außerordentlich vorsichtig umgehen, um sie nicht zu beschädigen. Besonders gilt es, darauf zu achten, dass keine Flüssigkeit zwischen die Tasten läuft und Kurzschlüsse verursacht.

Zubehör und Bestandteile

- Ein Pinsel
- Ein Tuch
- Wattestäbchen
- Eine Essigsprühflasche

Anwendung

1 – Die Tastatur von der Festplatte trennen. Wenn es sich um einen Laptop handelt, ausschalten. Die Tastatur über einem Blatt Zeitungspapier umdrehen. Die Tastatur vorsichtig schütteln, um Staub und zwischen den Tasten steckende Krümel herausfallen zu lassen.

2 – Die Tasten mit einem Pinsel reinigen. Auch die Tastenzwischenräume mit dem Pinsel reinigen.

3 – Etwas Essig auf ein Mikrofasertuch sprühen und damit die Tasten und ihre Umgebung abwischen. Auf keinen Fall umgekehrt vorgehen – kein direktes Besprühen der Tastatur! Um die Zwischenräume zu reinigen: Wattestäbchen in Essig tauchen und vorsichtig bürsten.

4 – Mit einem Tuch abwischen.

Bildschirme reinigen

Computer- und Laptopbildschirme sind aus mehreren Gründen empfindlich. Einerseits bekommt Glas leicht Kratzer. Jedes Staubkorn stellt auch einen Scheuerkörper dar, wenn man über den Bildschirm wischt. Und manche Tücher, insbesondere Küchenrolle oder Papiertaschentücher, können sogar abschleifend auf die Bildschirme wirken. Außerdem kann zu starker Druck die Pixel unwiederbringlich beschädigen.

Welche Reinigungsmethode man auch immer wählt, zunächst wird man immer den Bildschirm ausschalten müssen. Er darf während der Reinigung weder unter Strom stehen, noch mit der Festplatte verbunden sein.

Das Bildschirmgehäuse reinigen

Wie bei der Grundreinigung der Fenster beginnt man damit, um den Bildschirm herum sauber zu machen, bevor man den Bildschirm selbst in Angriff nimmt.

1 – Essig auf ein Mikrofasertuch sprühen.
2 – Abreiben, ohne den Bildschirm selbst zu berühren. Die Flecken besonders gründlich behandeln.

Den Bildschirm mit einem trockenen Tuch reinigen

Es gibt Mikrofasertücher, die speziell auf Bildschirme ausgelegt sind. Sie ähneln Brillenputztüchern.
1 – Zunächst den Staub entfernen, indem man das Tuch sehr locker und sanft über den Bildschirm bewegt. Das Tuch ausschütteln, um den Staub daraus zu entfernen.
2 – Dann mit regelmäßigen kreisförmigen Bewegungen abwischen. Wenn Flecken übrigbleiben, den Bildschirm anhauchen und die kreisförmigen Wischbewegungen wieder aufnehmen.

Den Bildschirm mit einer Essiglösung reinigen

Nach der Trockenreinigung bleiben noch Spuren? Keine Sorge.

Zubehör und Bestandteile
- Eine Sprühflasche
- Zwei Mikrofasertücher
- 1 Glas Essig
- 1 Glas destilliertes Wasser

Anwendung
1 – Den Bildschirm sorgfältig mit einem Tuch entstauben.
2 – Den Essig und das destillierte Wasser in die Sprühflasche schütten. Ein wenig Essig auf das Tuch sprühen (niemals direkt auf den Bildschirm).
3 – Den Bildschirm mit kleinen kreisförmigen Bewegungen abwischen, ohne Druck auszuüben. Die kreisförmigen Bewegungen fortsetzen, bis der Bildschirm sauber und trocken ist.

Ein paar Tipps
Vermeiden Sie, Druck auf den Bildschirm auszuüben. Wenn Flecken übrigbleiben, weiterwischen, aber nicht fester aufdrücken. Weder Alkohol noch Fensterputzmittel noch Reinigungsmittel verwenden. Niemals eine Lösung auf den Bildschirm sprühen, sondern immer nur auf das Tuch. Keine Papiertaschentücher verwenden.

Ein Mobiltelefon reinigen

Trockenreinigung
Das Telefon ausschalten. Mit einem Brillenputztuch abwischen. Das genügt, um den Staub und fettige Rückstände zu entfernen. Um hartnäckige Flecken zu entfernen, auf den Bildschirm pusten, um ein wenig Hauch zu hinterlassen. Vorsichtig mit einem Brillenputztuch abwischen.

Reinigung mit destilliertem Wasser
Wenn Flecken überbleiben, das Tuch mit etwas destilliertem Wasser befeuchten. Das Tuch darf nicht vollständig durchnässt sein. Den Bildschirm vertikal und horizontal abwischen, bis die Flecken verschwunden sind.

Reinigung mit Essigwasser
Für eine Grundreinigung des Telefons eine Lösung vorbereiten, indem man destilliertes Wasser und Essig zu gleichen Teilen mischt. Ein Brillenputztuch mit dieser Lösung befeuchten. Das Tuch darf nicht vollständig durchnässt sein. Das gesamte Telefon sorgfältig abwischen.

Anthurium – Flamingoblume

GRÜNPFLANZEN

Das Arbeitszimmer ist vermutlich jener Raum im Haus, der die meisten luftverschmutzenden Elemente enthält. Computer und Drucker sind eine Quelle von flüchtigen organischen Verbindungen und Ozon. Diese Verunreinigungen kommen zu jenen hinzu, die sich auch in den anderen Räumen des Hauses finden. Daher ist es von größter Bedeutung, das Arbeitszimmer täglich zu lüften. Ein vollständiges Öffnen des Fensters für nur fünf Minuten jeden Morgen und Abend ermöglicht den vollständigen Austausch der Raumluft. Die luftreinigende Wirkung von Pflanzen wird manchmal in Frage gestellt. Unbestreitbar hingegen ist ihre beruhigende und dekorative Wirkung. Für manche stellen Pflanzen sogar eine Inspirationsquelle dar.

Welche Pflanze auswählen?

Man sollte die Dinge nicht verkomplizieren und bei Pflanzen bleiben, die man gut kennt und die wenig Pflege erfordern. Die Chlorophytum oder Grünlilie wächst schnell, erfordert wenig Aufmerksamkeit und gilt allgemein als luftreinigende Pflanze. In einem Arbeitszimmer wird sich auch ein Ficus sehr wohlfühlen. Und für Liebhaber von Blütenpflanzen ist die Anthurium die ideale Kandidatin.

Chlorophytum

Die Wände reinigen

Poster oder Regale hinterlassen Spuren, wenn man sie entfernt oder umstellt.

Mit Essig Spuren von den Wänden entfernen

Zubehör und Bestandteile
- Eine kleine Wanne
- Ein Mikrofasertuch
- 1 Glas Essig
- 1 l Wasser

Anwendung

1 – Den Essig und das Wasser in der Wanne mischen.
2 – Das Tuch in der Essiglösung tränken. Auswringen. Die Wand abtupfen. Trocknen lassen.

Mit Natriumbicarbonat Spuren von den Wänden entfernen

Zubehör und Bestandteile
- Eine Schüssel
- Ein Tuch
- 1 Glas Natriumbicarbonat

Anwendung

1 – Das Natriumbicarbonat mit gerade so viel Wasser vermischen, um in der Schüssel eine Paste anrühren zu können.
2 – Mit dem Tuch ein wenig von dieser Paste aufnehmen. Die Wand abreiben. Abspülen. Trocknen lassen.

Schlaf-ZIMMER

Das Schlafzimmer ist ***der*** Ort für Komfort, Sanftheit und Intimität. Es ist auch jener Raum, in dem man vermutlich die meiste Zeit verbringt. Auf sein Schlafzimmer zu achten, bedeutet also zugleich, auf sich selbst zu achten. Und das beginnt schon mit ganz einfachen Handgriffen, wie dem Lüften oder dem Bettenmachen.

Nützliche Kleinigkeiten

Lüften

Die Luftverschmutzung in Innenräumen ist mitunter deutlich stärker als jene in Großstädten, Studien zufolge um das Doppelte bis Zehnfache. Schimmel, Milben, aber auch flüchtige organische Verbindungen und Kohlenmonoxid sind ungebetene Gäste in unseren Häusern, sogar im Schlafzimmer.

Nachdem die Luft im Inneren des Hauses verschmutzter ist als die im Freien, empfiehlt es sich, frische Luft hereinzulassen. Jeden Tag die Fenster sperrangelweit zu öffnen, ist der einfachste und wirkungsvollste Handgriff für einen gesunden Haushalt. Am besten ist es, in der Früh zu lüften, wenn die Luftverschmutzung draußen am geringsten ist. Zehn Minuten reichen aus, um die gesamte Luft eines Raumes auszutauschen. Noch länger offen zu lassen, bringt nichts, außer im Winter die Wände abzukühlen. Es ist wesentlich besser, mehrmals am Tag zu lüften als einmal zu lang.

Durch diesen einfachen Handgriff entweichen Kohlendioxid, flüchtige organische Verbindungen und Feuchtigkeit. Eine feuchte Umgebung ist an sich nichts Schlechtes, aber sie fördert die Entwicklung von Schimmel, der allergene Sporen enthält. Kalte Luft ist schneller mit Wasser gesättigt, was eine verstärkte Kondensation mit sich bringt. Es gilt daher, regelmäßig, aber moderat zu heizen, denn der Schimmel schätzt warme Räume ganz besonders.

Während das Schlafzimmer belüftet wird, klopfen Sie Kopfkissen und Matratzen aus, bürsten Sie das Spannbetttuch, schütteln Sie die Decke aus und lassen Sie das Bett durchatmen. Hausstaubmilben ernähren sich von unseren abgefallenen Hautschuppen. Unser Bett stellt daher ein regelrechtes Festessen für diese mikroskopisch kleinen Kreaturen dar.

Keine Sorge, Milben sind harmlos, aber manchmal Träger von Substanzen, die Allergien hervorrufen.

Pflanzen aufstellen

Ja, ich weiß, die überkommene Auffassung, wonach es nicht gut sei, in einem Schlafzimmer Pflanzen aufzustellen, ist weit verbreitet. Das ist die Gelegenheit, mit ihr Schluss zu machen. Pflanzen atmen Tag und Nacht, daher verbrauchen sie (molekularen) Sauerstoff O_2 und geben Kohlendioxid CO_2 ab. Bei Vorhandensein von Licht ermöglicht die Photosynthese den Pflanzen, sich zu entwickeln; zu wachsen, indem sie Kohlendioxid aufnehmen und Sauerstoff abgeben. Sicherlich, die Photosynthese hört während der Nacht auf. Aber im Laufe von 24 Stunden ist die Produktion von Kohlendioxid durch die Atmung deutlich geringer als jene von Sauerstoff durch die Photosynthese. Unterm Strich erzeugen Pflanzen also Sauerstoff und vor allem verbrauchen sie mehr Kohlendioxid, als sie erzeugen. Sauerstoff wird in einem Haus immer ausreichend vorhanden sein. Umgekehrt sammelt sich das Kohlendioxid aber an. Diesbezüglich sind Pflanzen also ein Segen.

Da eine gute Nachricht selten allein kommt, haben Pflanzen, neben ihrer Eigenschaft als CO_2-Verbraucher, eine entgiftende Wirkung, insofern, als sie in der Raumluft befindliche schädliche Verbindungen absorbieren.

Ein oder zwei Pflanzen in einem Raum aufzustellen, stellt nicht nur keinerlei Gefahr dar, sondern ermöglicht vor allem, Schadstoffe loszuwerden, insbesondere manche flüchtige organische Verbindungen.

Ein paar Vorschläge
für Schlafzimmerpflanzen

Schwertfarn

oder Nephrolepsis exaltatabostoniensis

Unnötig, ihn vorzustellen, das ist genau die Art Farn, die man üblicherweise mit dem Begriff „Farn" verbindet. Oft als gewöhnlich und wenig interessant betrachtet, verbirgt der Farn eine Menge guter Eigenschaften. Er leistet seinen Beitrag beim Abbau von Schadstoffen, wie Kohlenmonoxid, Toluol und Xylol. Er ist pflegeleicht. Als Unterholzpflanze braucht er nur wenig Licht und mag keine große Hitze. Als Topfpflanze wird er nicht höher als 50 cm und findet so mit Sicherheit ein Plätzchen im Schlafzimmer.

Bergpalme

oder Chamaedorea

Die Palme gehört zur Familie der pflegeleichten Pflanzen, es ist kein Wunder, dass sie so populär ist. Sie weiß den Schatten zu schätzen und benötigt im Sommer ein wenig mehr Wasser als im Winter. Sie ermöglicht, Formaldehyd, Kohlenmonoxid, Xylol und Benzen loszuwerden.

Scheidenblatt

oder Spathiphyllum

Für diejenigen, die blühende Pflanzen den Blattpflanzen vorziehen, ist das Scheidenblatt eine hervorragende Wahl. Es braucht nur sehr wenig Licht und fühlt sich bei Temperaturen zwischen 13 und 25 °C wohl. Ihre überschaubare Größe wird sich ohne Weiteres einem Schlafzimmer anpassen. Man sollte sich nicht täuschen lassen, das Scheidenblatt verbirgt hinter seinem engelsgleichen Äußeren außergewöhnliche Entgiftungsfähigkeiten: Ammoniak, Benzen, Toluol, Xylol, Formaldehyd, Trichlorethylen, Methanol und Aceton werden ihr nicht standhalten.

Drachenbaum

oder Dracaena marginata

Doch, doch, Sie kennen ihn. Er ist gut an seinen mehreren, verzweigten Stämmen in verschiedenen Höhen erkennbar. Er ist die Studentenpflanze schlechthin, so pflegeleicht ist er. Er verträgt praktisch alle Temperaturen und Lichtverhältnisse. Das hindert ihn nicht daran, ein echter Star der Luftreinigung zu sein, indem er Kohlenmonoxid, Formaldehyd, Benzen, Toluol, Xylol und Trichlorethylen abbaut.

Die Bettwäsche

Kopfkissen waschen und trocknen

Die meisten Kopfkissen kann man in der Waschmaschine waschen, selbst Daunenkissen. Um die Gewichtsverteilung in der Waschmaschine auszubalancieren, immer mindestens zwei und höchstens drei Kissen in die Trommel tun.

Zubehör und Bestandteile
- 6 Waschbälle (S. 143) • 6 Trocknerbälle (S. 146) • 1 Glas Natriumpercarbonat
- 50 ml Flüssigwaschmittel (S. 126)
- 2 Gläser Essig

Anwendung
1 – Die Kissen in die Trommel tun. Das Percarbonat, das Flüssigwaschmittel und die Waschbälle hinzufügen. Ein Glas Essig in das Fach für den Weichspüler gießen.
2 – Bei der maximalen von der Waschanleitung empfohlenen Temperatur waschen. Nach dem Waschgang einen weiteren Spülgang mit dem zweiten Glas Essig durchlaufen lassen, um sämtliche Waschmittelrückstände zu entfernen.
3 – Die Kissen in den Wäschetrockner laden. Die Trocknerbälle hinzufügen. Bei kalter oder lauwarmer Luft trocknen.

Kopfkissen bleichen

Kissen vergilben mit der Zeit. Um sie ganz sicher weiß zu bekommen, ist eine Vorwäsche erforderlich. Kopfkissen sind voluminös. Zögern Sie nicht, sie in der Badewanne einzuweichen, um sie zu verwöhnen.

Zubehör und Bestandteile für zwei Kissen
- 4 volle Wasserflaschen oder irgendwelche andere schwere Gegenstände
- 6 Waschbälle (S. 143) • 6 Trocknerbälle (S. 146) • 1 Glas Kristallsoda • ½ Glas Wasserstoffperoxid • 50 ml Flüssigwaschmittel für weiße Wäsche (S. 131)
- 2 Gläser Essig

Anwendung
1 – Die Badewanne mit warmem Wasser füllen. Das Kristallsoda und das Wasserstoffperoxid hineinleeren. Umrühren, um das Kristallsoda aufzulösen. Die Kissen einweichen. Diese untertauchen, um sicherzugehen, dass sie bis in den Kern durchtränkt werden. Die Wasserflaschen auf die Kissen legen, damit sie untergetaucht bleiben. Über Nacht eingeweicht lassen.
2 – Aus der Badewanne nehmen. Direkt in die Trommel der Waschmaschine hineingeben, mit dem Waschmittel für weiße Wäsche und den Waschbällen. Ein Glas Essig in das Fach für den Weichspüler gießen,
3 – Je nach Waschanleitung bei 40 oder 60 °C waschen. Nach dem Waschgang einen weiteren Spülgang mit dem zweiten Glas Essig durchlaufen lassen, um sämtliche Waschmittelrückstände zu entfernen.
3 – Die Kissen in den Wäschetrockner laden. Die Trocknerbälle hinzufügen. Bei kalter oder lauwarmer Luft trocknen.

Die Bettdecke auffrischen

Es ist recht unwahrscheinlich, dass die Bettdecke in die Waschmaschine passt. Bevor man sie in die Reinigung trägt, kann man einen ganz einfachen Trick ausprobieren.

Zubehör und Bestandteile
- Ein großer Müllsack • 1 Glas parfümiertes Natriumbicarbonat (S. 20)

Anwendung
1 – Die Bettdecke in den Müllsack packen. Das Natriumbicarbonat dazuleeren.
2 – Den Sack verschließen; hin und her rollen, um das Natriumbicarbonat gut zu verteilen; schütteln. Mindestens über Nacht (oder einen Tag lang) einwirken lassen.
3 – Die Bettdecke aus dem Sack nehmen; ausschütteln, um das Natriumbicarbonat los zu werden.

Matratzenpflege

Sogar wenn Sie eine große Badewanne haben, bezweifle ich, dass eine Matratze hineinpasst. Ein paar einfache Handgriffe erlauben trotzdem, die Lebensdauer der Matratzen zu verlängern.

Eine Matratze drehen und wenden

Die Rotation der Matratzen von der Ober- auf die Unterseite und/oder von vorne nach hinten ermöglicht eine gleichmäßige Verteilung des Gewichts und damit eine gleichmäßige Abnutzung. Sie balanciert die Verteilung des Füllmaterials aus. Es empfiehlt sich, sie mindestens zwei Mal jährlich vorzunehmen. Um sicherzugehen, nicht darauf zu vergessen, drehe und wende ich die Matratze bei jeder Zeitumstellung.

Auf einer Matratze staubsaugen

Eine Matratze hat Nähte, die Vertiefungen bilden, in denen sich Staub und Milben sammeln. Um die Wirkung des Staubsaugers zu erhöhen, muss man einen kleinen starren Aufsatz verwenden und diesen langsam bewegen, um alles abzusaugen. Diese Arbeit macht man üblicherweise, wenn man die Matratzen wendet. Tut mir leid, das braucht seine Zeit. Aber es ist ein gutes Gefühl zu wissen, dass man sein Bett nicht mit ganzen Milbenkolonien teilt, oder?

Milbenabwehrmittel

Gegen die Milben gibt es kein Wundermittel. Der Kampf gegen den Staub bleibt die sicherste Methode. Allerdings ist Niemöl, auch Neemöl genannt, ein wirkungsvolles Abwehrmittel gegen Insekten. Sein starker Geruch ist nicht jedermanns Sache. Man sollte es daher testen, bevor man es überall versprüht.

Zubehör und Bestandteile

- Eine Sprühflasche
- 1 EL Niemöl
- 100 ml Alkohol (70 Vol.-%)

Zubereitung und Anwendung

1 – Die Bestandteile in die Sprühflasche leeren. Zum Mischen kräftig schütteln.
2 – Auf dem Lattenrost und der Matratze versprühen.

Bettwanzen-Abwehrmittel

Zubehör und Bestandteile
- Eine Bürste
- Ein Staubsauger
- 1 Glas Kieselgur

Anwendung
1 – Das Kieselgur auf dem Lattenrost und der Matratze verstreuen. Abbürsten. 24 Stunden einwirken lassen.
2 – Mit dem Staubsauger und einem kleinen starren Aufsatz absaugen.

Eine Matratze auffrischen

Zubehör und Bestandteile
- Ein Staubsauger
- Ein Einmachglas (etwa 300 ml) samt dazugehörigem Streuverschluss
- 200 g Natriumbicarbonat
- 1 TL ätherisches Lavendelöl, Pfefferminzöl oder Atlaszedernöl

Anwendung
1 – Das Natriumbicarbonat und das ätherische Öl in ein Einmachglas leeren. Mischen.
2 – Großzügig auf der ganzen Matratze verstreuen. Ein oder zwei Stunden einwirken lassen.
3 – Mit dem Staubsauger und einem kleinen starren Aufsatz absaugen.

Flecken von einer Matratze entfernen

Weil es in jeder Familie vorkommt.

MIT ESSIG
Zubehör und Bestandteile
- 2 oder 3 Putzlappen
- Eine Essigsprühflasche
- ½ Glas Natriumbicarbonat

Anwendung
1 – So weit wie möglich abtupfen und darauf achten, den Fleck nicht zu vergrößern.
2 – Mit Essig besprühen. Mit einem Lappen abtupfen, damit er nicht eindringt.
3 – Mit dem Natriumbicarbonat bestreuen. Trocknen lassen. Absaugen.
4 – Falls erforderlich, die Schritte 2 und 3 wiederholen.

MIT FLÜSSIGER SCHMIERSEIFE
Zubehör und Bestandteile
- Eine Sprühflasche
- Ein Haarföhn (wahlweise)
- ½ l warmes Wasser
- 2–3 EL flüssige Schmierseife

Anwendung
1 – So weit wie möglich abtupfen und darauf achten, den Fleck nicht zu vergrößern.
2 – Das warme Wasser und die flüssige Schmierseife in die Sprühflasche leeren. Schütteln, um die Seife aufzulösen.
3 – Den Fleck mit der Seifenlösung besprühen. Vorsichtig mit einem Lappen abreiben. Ein Maximum an Wasser mit einem trockenen Lappen absorbieren. Trocknen lassen oder mit dem Haarföhn trocknen.
4 – Falls erforderlich, Schritt 3 wiederholen.

MIT WASSERSTOFFPEROXID
Zubehör und Bestandteile
- 200 ml Wasserstoffperoxid
- 2–3 EL Natriumbicarbonat

1 – So weit wie möglich abtupfen und darauf achten, den Fleck nicht zu vergrößern.
2 – Den Fleck mit Wasserstoffperoxid besprühen. Mit Natriumbicarbonat bestreuen. Das schäumt! Einwirken lassen.
3 – Mit einem Lappen abtupfen.
4 – Trocknen lassen. Absaugen.
5 – Falls erforderlich, die Schritte 2 bis 4 wiederholen.

Florame

Eine Matratze mit Wasserdampf reinigen

Der Dampfreiniger ermöglicht zum einen, verkrusteten Schmutz zu lösen, und zum anderen, Flecken zu entfernen. Es handelt sich um eine Methode, die man bei Schönwetter anwendet, damit die Matratze möglichst schnell trocknet.

Anwendung
1 – Mit den Flecken beginnen. Die Hochdruckdüse montieren und den Strahl horizontal auf den Fleck richten. Das überschüssige Wasser mit einem Lappen abtupfen.
2 – Den Dampfreiniger mit der großen Bürste bestücken. Langsam und vorsichtig die gesamte Oberfläche der Matratze auskämmen, damit der Dampf den verkrusteten Schmutz löst.
3 – Die Bürste mit einem Lappen abdecken und über die gesamte Oberfläche wandern lassen, um den Schmutz aufzunehmen, der an die Oberfläche gekommen ist.
4 – Im Freien trocknen lassen oder einen Haarföhn benutzen.

Wandschränke und Schränke innen reinigen

Mein Schrank ist zu klein, um darin die Sommer- und Wintergarderobe zu lagern (manche werden sagen, dass ich zu viele Klamotten habe, aber das ist eine andere Geschichte). Zum Wechsel der Jahreszeiten räume ich die Regale aus, um die Garderobe auszutauschen, und nutze die Gelegenheit, um das Innere der Schränke zu reinigen.

Zubehör und Bestandteile
- Ein Trichter
- Eine Sprühflasche
- Ein Mikrofasertuch
- ½ l Essig
- Etwa 20 Tropfen ätherisches Teebaumöl

Zubereitung und Anwendung
1 – Den Trichter in den Hals der Sprühflasche stecken. Den Essig und das ätherische Öl einfüllen. Zum Mischen schütteln.
2 – Auf alle Regale und Wände des Schranks aufsprühen. Mit einem Mikrofasertuch abwischen.

Motten bekämpfen

Motten ernähren sich vor allem von unseren Hinterlassenschaften: Schweiß und abgestorbene Hautschuppen. Die beste Bekämpfung von Motten besteht in sauberer Kleidung. Nur – man wäscht einen Pullover nun einmal nicht, nachdem man ihn bloß ein paar Stunden getragen hat. Wenn man einen Verdacht auf das Vorhandensein von Motten oder Larven in einem Kleidungsstück hat, wirken Hitze oder Kälte.

Kälte-Methode
Das Kleidungsstück in einer Plastiktüte ins Tiefkühlfach tun. Über Nacht dort belassen. Die Larven werden diese Kälteperiode nicht überleben.

Hitze-Methode
Bei Einstellung auf die für das Kleidungsstück noch verträgliche Maximalhitze bügeln, um die Motten abzutöten, ohne den Stoff zu beschädigen.

Vorbeugende Methoden

Gute Nachrichten, es gibt jede Menge! Sie brauchen nur mehr diejenige auszusuchen, die Ihnen recht ist.

Marseiller Seife

Ja, die gute alte Marseiller Seife. Wie? Wenn Sie das nächste Mal Marseiller Seife kaufen, kaufen Sie gleich mehr davon und legen Sie einige Stücke in Ihre Schränke. Mein Trick: Hausgemachte Seife braucht nach dem Aus-der-Form-nehmen 3 oder 4 Wochen, bis sie gebrauchsfertig ist (S. 30). Ich lasse sie in den Schränken trocknen. Je länger man sie inmitten der Wäsche vergisst, desto besser ist es für die Seife und für den Kampf gegen die Motten. Win-Win-Situation.

Küchenkräuter-Sträußchen

Gegen die Motten zu kämpfen, kann die Schränke sogar um hübsche Dekorationselemente bereichern, wenn man kleine Sträuße aus Küchenkräutern bastelt, die von einem Satinbändchen zusammengehalten werden. Es handelt sich um Lavendel, Thymian, Rosmarin oder Pfefferminze.

Zubehör und Bestandteile für ein Sträußchen
- Etwa 10 Zweige von getrockneten Kräutern
- Ein Satinbändchen von etwa 30 cm

Zubereitung und Anwendung
1 – Die Zweige in gleicher Länge abschneiden. Zu einem dichten Sträußchen zusammenfassen. Mit dem Band zusammenbinden.
2 – Die Sträußchen inmitten der Wäsche in den Schränken platzieren.

Säckchen mit Küchenkräutern

Das ist der Moment, Ihre Fertigkeiten als Schneider zu erproben, indem Sie Säckchen anfertigen, in die Sie Küchenkräuter und duftende Blüten füllen. Wenn Sie so wie ich eine Null beim Nähen sind, reicht auch eine Socke oder ein Kniestrumpf. Die Säckchen ermöglichen die Verwendung loser Blätter oder Blüten. Man kann sie auch an einen Kleiderbügel hängen, damit sie direkt in der Mitte der Kleidungsstücke wirken. Sie passen für Blätter oder Blüten von Rosmarin, Thymian, Pfefferminze, Lavendel, Lorbeer oder Eukalyptus.

Zubehör und Bestandteile für ein Säckchen
- Eine Handvoll getrocknete Kräuter oder Blüten
- Ein Kniestrumpf

Zubereitung und Anwendung
1 – Die Kräuter oder Blüten in den Kniestrumpf leeren. Einen Knoten machen.
2 – Die Säckchen inmitten der Wäsche in die Kästen legen.

Säckchen mit Gewürzen und Schalen

Dieselbe Technik wie bei den Kräutern. Kleine Mengen verschaffen große Resultate. Die Liste ist lang: Gewürznelken, Pfefferkörner, Zitronenschalen, Orangenschalen, Zedernholzspäne.

Zubehör und Bestandteile für ein Säckchen

- Eine halbe Handvoll getrocknete Kräuter oder Blüten
- Ein Kniestrumpf

Zubereitung und Anwendung

1 – Die Gewürze in den Kniestrumpf leeren. Einen Knoten machen.
2 – Die Säckchen inmitten der Wäsche in die Kästen legen.

Mit ätherischen Ölen imprägnierte Steine

Man hat die Qual der Wahl: Gewürznelke, Rosmarin, Thymian, Lavendel, Zitrone, Orange, Lorbeer, Zeder, Eukalyptus, Zitronenmelisse.

Zubehör und Bestandteile

- Einige große Kiesel, poröse Steine oder Holzstücke
- Etwa 10 Tropfen ätherisches Öl

Zubereitung und Anwendung

1 – Die ätherischen Öle auf die Steine tropfen.
2 – Die Steine inmitten der Wäsche in den Schränken platzieren. Wenn der Duft nach ein paar Wochen verflogen ist, wiederum ca. 10 Tropfen ätherisches Öl auf die Steine geben.

Orangenhälften mit Gewürznelken

Das Beste aus beiden Welten im Zusammenspiel. Es sieht schön aus, es riecht gut und es ist unerhört wirkungsvoll.

Zubehör und Bestandteile für zwei Hälften

- 1 Orange
- Etwa 15 Gewürznelken

Zubereitung und Anwendung

1 – Die Orange in zwei Hälften schneiden. Den Saft und das Fruchtfleisch entnehmen und zu einem Smoothie verarbeiten. Das Innere der Schale säubern, um die Reste des Fruchtfleischs zu entfernen.
2 – Die Gewürznelken auf die Orangenschalen stecken. Lassen Sie sich schöne Muster einfallen.
3 – Die Halbkugeln mitten unter die Wäsche in die Schränke stellen.

Mottenabwehr-Scheibchen mit Zedernöl

Zubehör und Bestandteile

- Zwei Kochtöpfe für ein Wasserbad
- Eine Schüssel
- Kleine Silikonformen
- 50 g Bienenwachs
- 100 g Natriumbicarbonat
- 1 TL Zedernöl (Atlaszeder)

Zubereitung und Anwendung

1 – Den größeren Kochtopf mit Wasser füllen. Sieden lassen. Das Bienenwachs in den kleineren Kochtopf leeren und diesen in den größeren stellen. Das Bienenwachs schmelzen lassen.
2 – In der Zwischenzeit das Natriumbicarbonat in die Schüssel leeren. Das ätherische Zedernöl hinzufügen. Mischen.
3 – Wenn das Bienenwachs geschmolzen ist, den Topf vom Herd nehmen. Das Natriumbicarbonat-Gemisch hinzufügen. Mischen. In die Silikonbackformen leeren. Vollständig auskühlen lassen.
4 – Aus der Form nehmen. Die Scheibchen mitten unter die Wäsche in die Schränke stellen.

Alternative: Das Zedernholzöl ersetzen durch das ätherische Öl von wahlweise Lavendel, Thymian, Rosmarin, Pfefferminze, Gewürznelke, Eukalyptus, Zitronenmelisse, Orange, Zitrone.

Vorhänge & Co.

Lichtdurchlässige Vorhänge bleichen

Bestandteile für eine Waschmaschinenladung

- Ein Wäschenetz
- Ein Glas Natriumpercarbonat

Anwendung

1 – Die Vorhänge in ein Wäschenetz mit entsprechender Größe packen.
2 – Das Natriumpercarbonat in die Trommel leeren. Einen normalen Waschgang bei der höchsten laut Waschanleitung erlaubten Temperatur durchlaufen lassen.
3 – Die Vorhänge wieder aufhängen, um sie trocknen zu lassen und Falten zu vermeiden.

Vorhänge waschen

Die meisten Vorhänge können in der Maschine gewaschen werden. Trotzdem vorsichtshalber immer die Empfehlungen der Waschanleitung am Etikett nachprüfen.

Bestandteile für eine Waschmaschinenladung

- 1 Glas Natriumbicarbonat
- 1 Glas Essig

Anwendung

1 – Die Vorhänge in die Waschmaschine geben. Versuchen Sie nicht, zu viel hineinzustopfen. Wenn die Wäsche zu dicht zusammengeballt ist, leidet das Waschergebnis. Das Natriumbicarbonat in die Trommel und den Essig in das Fach für den Weichspüler gießen. Einen normalen Waschgang bei niedriger Temperatur durchlaufen lassen.
2 – Die Vorhänge wieder aufhängen, um sie trocknen zu lassen und Falten zu vermeiden.

Die Farben der Vorhänge auffrischen

Die Vorhänge sind leicht vergilbt. Der Stoff ist empfindlich und nicht für die Waschmaschine geeignet? Keine Sorge.

Bestandteile für ein Set von zwei Vorhängen

- 1 Liter Essig

Anwendung

1 – Die Badewanne mit kaltem Wasser füllen. Den Essig hinzufügen. Die Vorhänge einweichen. Vollständig untertauchen, um sicherzugehen, dass der Stoff komplett durchtränkt wird. Ein oder zwei Stunden einwirken lassen.
2 – Die Vorhänge aus dem Bad nehmen und einrollen, um das überschüssige Wasser loszuwerden, ohne sie zu verdrehen. Entrollen, ein großes Badetuch in die Mitte legen und erneut einrollen. Das Badetuch absorbiert den Großteil des Wassers.
3 – Die Vorhänge wieder aufhängen, um sie trocknen zu lassen und Falten zu vermeiden.

Die Jalousien abstauben

Zubehör und Bestandteile

- Eine Socke
- Eine Essigsprühflasche

Anwendung

1 – Essig auf die Jalousien sprühen.
2 – Die Socke über die Hand ziehen und damit über jede Lamelle wischen.

Dans mon jardin...

Kinder

Ich darf Ihnen versichern, dass Kinder hier nicht als weiterer Raum im Haus betrachtet werden. Wir werden uns auch nicht mit der Körperpflege der Kinder auseinandersetzen. Das Kapitel schlägt eher einige Antworten auf Fragen vor, die die Welt der Kinder betreffen – und insbesondere deren Sachen.

Spielzeug reinigen

Zuerst die guten Nachrichten! Kleines Plastikspielzeug, wie Lego oder Spielzeug für die Badewanne, ist in der Waschmaschine oder im Geschirrspüler waschbar.

Waschen in der Waschmaschine

1 – Das Spielzeug in einem Netz oder Kissenüberzug sichern. In die Waschmaschine geben – zusammen mit etwas Schmutzwäsche, um die Trommel auszubalancieren und den Lärm zu reduzieren.
2 – Ein halbes Glas Waschmittel und ein Glas Kristallsoda hinzufügen. Einen 60°-Waschgang starten.

Waschen im Geschirrspüler

Waschgänge im Geschirrspüler arbeiten mit deutlich höheren Temperaturen als die Waschmaschine. Das Spielzeug sortieren. Manche haben vielleicht sogar ein Piktogramm, das sie als spülmaschinenfest ausweist.

1 – Die empfindlicheren Spielsachen oben platzieren, die widerstandsfähigeren und größeren unten.
2 – Ein Normalprogramm starten.

Händische Grundreinigung

Kleine Spielsachen kann man mühelos in einer tragbaren Wanne oder dem Spülbecken waschen. Für größeres Spielzeug bleibt die Badewanne als Option.

Zubehör und Bestandteile
- Eine Wanne
- Eine Nagelbürste oder Zahnbürste
- 1 EL flüssiges Geschirrspülmittel
- 1 Glas Essig

Anwendung
1 – Die Wanne oder das Spülbecken mit warmem Wasser füllen. Das Geschirrspülmittel hinzufügen. Mischen. Das Spielzeug einweichen. Falls es sehr schmutzig ist, eine Stunde einwirken lassen.
2 – Mit einer Nagel- oder Zahnbürste abschrubben. Das Seifenwasser ausleeren bzw. abfließen lassen.
3 – Die Wanne mit Wasser füllen und Essig hinzufügen. Das Spielzeug eintauchen. Abtropfen lassen. Abwischen.

Expressreinigung

Bei kleinem Spielzeug ist es oft einfacher, für ein großes Bad alles in eine Wanne zu tauchen. Das ist allerdings nicht jede Woche erforderlich, zum Glück!

Zubehör und Bestandteile
- Eine Wanne
- Ein Tuch
- 1 EL flüssiges Geschirrspülmittel

Anwendung
1 – Einen Liter warmes Wasser in eine Wanne leeren. Das flüssige Geschirrspülmittel hinzufügen. Mischen.
2 – Das Tuch ins Seifenwasser tauchen. Auswringen. Das Spielzeug blank putzen. Abtrocknen.

Essigreinigung

Zubehör und Bestandteile
- Eine Essigsprühflasche
- Ein Tuch

Anwendung
1 – Essig auf das Tuch sprühen. Das Spielzeug blank putzen. Abtrocknen.

Plüschtiere waschen

IN DER WASCHMASCHINE
Zahlreiche Plüschtiere sind maschinenwaschbar, besonders Baby-Plüschtiere. Selbstverständlich ist die Waschanleitung des Herstellers zu beachten.

1 – Das Plüschtier in einen Kissenüberzug stecken und in die Trommel legen.
2 – Eine Verschlusskappe voll Wollshampoo hinzufügen und ein Feinwäsche-Programm mit niedriger Temperatur starten.
3 – Im Freien trocknen, dann bürsten, um das Plüschgewebe wieder aufzurichten.

HANDWÄSCHE
Es ist nicht empfehlenswert, Plüschtiere ins Wasser zu tauchen, da sie zu lange bräuchten, um zu trocknen.

Zubehör und Bestandteile
- Eine Wanne
- Ein Waschlappen
- Eine Verschlusskappe Wollshampoo

Anwendung
1 – Die Wanne mit Wasser füllen. Das Wollshampoo hinzufügen. Mischen.
2 – Den Waschlappen in die Wanne tauchen. Auswringen. Das Plüschtier mit dem Waschlappen abreiben.
3 – Die Wanne leeren. Mit Wasser füllen. Den Waschlappen eintauchen. Auswringen. Das Plüschtier mit dem Waschlappen abspülen.
4 – Trocknen lassen oder mit einem Haarföhn abtrocknen.

Trockenreinigung

Zubehör und Bestandteile
- Ein großer Plastiksack, der das Plüschtier vollständig aufnehmen kann.
- 1 Glas Natriumbicarbonat
- Etwa 10 Tropfen ätherisches Lavendelöl

Anwendung
1 – Das Plüschtier in den großen Plastiksack stecken.
2 – Das ätherische Öl zum Natriumbicarbonat hinzufügen. Mischen. Das Plüschtier mit dem Natriumbicarbonat bestreuen. Den Sack luftdicht verschließen. Schütteln, um das Natriumbicarbonat zu verteilen.
3 – Über Nacht einwirken lassen. Am nächsten Morgen das Plüschtier herausnehmen und abbürsten, um das Natriumbicarbonat zu entfernen.

Arbeiten im Haushalt, bei denen die Kinder mithelfen können

Küche
Den Tisch decken und abräumen
Den Müll trennen
Die Tischsets abwischen
Beim Ein- und Ausräumen des Geschirrspülers helfen

Badezimmer
Toilettenpapier ersetzen
Handtücher falten
Die Armaturen nach der Reinigung trockenwischen

Waschküche
Die Schmutzwäsche nach Farbe sortieren
Kleine Wäschestücke zum Trocknen aufhängen
Passende Sockenpaare zusammenstellen

Schlafzimmer
Am Morgen das Bett machen
Beim Falten von Bettwäsche helfen
Kleidungsstücke in den Schrank räumen
Das Spielzeug wegräumen

Wohnzimmer und Esszimmer
Die Sockelleisten abstauben
Die Lichtschalter und Türgriffe reinigen
Die Pflanzen gießen

Tiere
Striegeln
Wasser und Futter geben

Maxi-Cosi und Kinderwagen reinigen

Trockenreinigung

Eine oberflächliche Reinigung ermöglicht der Staubsauger mit einem flachen Aufsatz und er entfernt dabei Staub und die gröberen Verunreinigungen. Das Natriumbicarbonat greift ihm dabei unter die Arme. Man sollte nicht zögern, ätherische Öle hinzuzufügen, wie etwa Zitronenmelisse wegen ihrer Wirkung gegen Mücken oder Rosenöl wegen seines milden Duftes – etwa zehn Tropfen pro Glas Natriumbicarbonat.

Zubehör und Bestandteile

- Ein Staubsauger mit einem schlanken, flachen Aufsatz
- Ein Natriumbicarbonat-Streuer

Anwendung

1 – Sorgfältig absaugen, besonders eingehend Vertiefungen, Nähte und Zwischenräume. Den Maxi-Cosi mit Natriumbicarbonat bestreuen. Sanft abbürsten, um das Natriumbicarbonat überall eindringen zu lassen.
2 – Über Nacht einwirken lassen. Absaugen.

In der Waschmaschine

Doch, doch. Der Überzug ist abnehmbar. Er ist sogar maschinenwaschbar. Man braucht nur die Waschanleitung zu befolgen und sich nicht zu verheddern, wenn man alles wieder montiert.

Fleckenentfernung mit Seifenschaum

Zubehör und Bestandteile

- Ein Krug (mindestens 2 l) • Ein Stabmixer
- Ein Tuch • 1 EL geriebene Marseiller Seife
- ¼ l kochendes Wasser

Anwendung

1 – Das kochende Wasser und die geriebene Seife in den Krug leeren. Den Stabmixer in den Krug tauchen und mischen. Das schäumt!
2 – Mit einem Tuch ein wenig Schaum aufnehmen und den Maxi-Cosi abbürsten.
3 – Wenn der Schaum in sich zusammenfällt, neuerlich mixen.
4 – Trocknen lassen.

Einen Urinfleck entfernen

Wenn der Fleck ganz frisch ist, mit Natriumbicarbonat, Pfeifenerde oder einer Mischung aus beidem anfangen.

Zubehör und Bestandteile

- Tücher • 1 Glas Natriumbicarbonat oder Pfeifenerde • Etwas Seifenwasser

Anwendung

1 – Den Fleck mit einem Tuch aufsaugen.
2 – Das Natriumbicarbonat auf den Fleck schütten und vorsichtig reiben, um das Aufsaugen zu verstärken. Einige Stunden einwirken lassen. Mit dem Staubsauger entfernen.
3 – Ein Tuch mit Seifenwasser tränken und den Fleck abreiben, um die letzten Natriumbicarbonat-Spuren zu entfernen. Trocknen lassen.

Wenn der Fleck schon älter ist, muss man ihn wieder befeuchten, um ihn loszuwerden.
Zubehör und Bestandteile

- Tücher • Eine Essigsprühflasche

Anwendung

1 – Essig auf den Fleck aufsprühen und mit kreisförmigen Bewegungen vorsichtig abreiben.
2 – Trocknen lassen.

Künstlereltern-Spezial

Deckfarben-Flecken auf einer Wand oder einem Kleidungsstück

Deckfarben sind Wasserfarben. Sie können daher auch mit Wasser entfernt werden. Wie immer bei Flecken beginnt man mit der händischen Fleckenentfernung und macht erst danach mit der Waschmaschine weiter.

1 – Hervorstehende Farbe mit der Klinge eines Buttermessers entfernen.
2 – Ein Tuch in kaltes Seifenwasser tauchen. Den Fleck abtupfen. Ein Teil der Farbe geht auf das Tuch über.
3 – Eine andere Stelle des Tuchs ins kalte Seifenwasser tauchen und den Fleck abtupfen. Weitermachen, bis der Fleck verschwunden ist.
4 – Wenn sich der Fleck auf einem Kleidungsstück befindet, anschließend in der Waschmaschine waschen.
5 – Das Tuch in einer Wanne mit kaltem Seifenwasser einweichen.

Bei anderen Farben ist es komplizierter. Dasselbe Verfahren wie bei Deckfarben anwenden, aber mit Terpentinöl (eignet sich für Acrylfarben) oder Leinöl (eignet sich für Ölfarben) ergänzen.

Kugelschreiber- und Farbstiftspuren

Da der Ursprung eines Flecks nicht immer eindeutig ist, beginnt man auch hier mit den sanftesten Methoden.

Radiergummi: Sich vergewissern, dass er sauber ist, und dann über die Spuren radieren. Diese Methode funktioniert teilweise auf Wänden oder Möbeln. Deutlich weniger auf Textilien.

Kohlensäurehaltiges Wasser: Ein Tuch mit kohlensäurehaltigem Wasser tränken. Die Spuren abreiben.

Putzstein: Eine Zahnbürste befeuchten. Über den Putzstein reiben. Die Spuren vorsichtig abbürsten. Abspülen. Mit einem Tuch abtrocknen.

Zahnpasta: Etwas Zahnpasta auf eine Zahnbürste tun. Die Spuren abreiben. Abspülen. Abtrocknen.

Haushaltsalkohol: Ein Tuch mit Alkohol befeuchten. Die Spuren abtupfen.

Zitrone: Ein Tuch mit Zitronensaft tränken. Die Spuren abtupfen.

Soude en cristaux
concentrée
Kristal-soda
geconcentreerd
500g

Fitness-RAUM

Unterstellen Sie mir nicht etwas, das ich nicht gesagt habe: Der Gedanke, dass jeder zu Hause einen Fitnessraum hat, liegt mir fern. In einer Wohnung, wo man schon Mühe hat, einen Kinderwagen unterzubringen, kann man sich schwerlich vorstellen, wo man auch noch einen Fitnessraum unterbringen sollte. Allerdings gibt es in jeder Familie zumindest einen Sportler. Und bezüglich der Sportsachen stellen sich Fragen zur Pflege, auf die man nicht immer eine Antwort hat.

Pflege der Sportschuhe

Von Schlamm bis Schweiß – Sportschuhe kriegen so einiges ab. Ein paar Regeln des gesunden Menschenverstands zu beachten, kann deren Lebensdauer verlängern und Ihren Komfort erhöhen.

Die Schuhe nach Gebrauch trocknen lassen

Bakterien entwickeln sich vor allem in feuchten Umgebungen. Vollständig trockene Schuhe erlauben, ihre Ausbreitung zu begrenzen. Hitzequellen, wie Heizkörper oder Wäschetrockner, sind unbedingt zu vermeiden, da diese sie kaputtmachen – sprich deformieren – könnten. Um stark durchnässte Schuhe zu trocknen, ist alles, was Sie brauchen, Zeitungspapier.

1 – Schnürsenkel und Einlegesohlen herausnehmen.
2 – Einige Seiten Zeitungspapier zerknüllen und in die Schuhe stopfen. Nach ein oder zwei Stunden das Zeitungspapier herausnehmen und durch neues Papier ersetzen.
3 – Den Vorgang wiederholen, bis die Schuhe trocken sind.

Trockenreinigung

Wenn die Schuhe erst einmal trocken sind, lassen sie sich ganz einfach abbürsten, um die Erde und den Schmutz loszuwerden

Zubehör und Bestandteile

- Eine Schuhbürste oder eine Zahnbürste
- Ein flacher Schraubenzieher
- 1 EL Natriumbicarbonat

Zubereitung und Anwendung

1 – Den Schuh mit etwas Natriumbicarbonat bestreuen, um die Reinigung zu erleichtern.
2 – Mit einer Schuh- oder Zahnbürste bürsten.
3 – Die in der Sohle steckenden Steinchen können mit einem flachen Schraubenzieher entfernt werden.

Pilze, Bakterien und Gerüche bekämpfen

MIT BORSÄURE

Borsäure ist ein sehr wirksames Fungizid.

Bestandteile

- 1 oder 2 EL Borsäure

Zubereitung und Anwendung

1 – Die Borsäure in die Schuhe leeren. Vorsichtig herumdrehen und schütteln, um das Pulver zu verteilen.
2 – Einwirken lassen, bis die Schuhe wieder getragen werden sollen, mindestens über Nacht.
3 – Den Schuh umdrehen und ausschütteln, um das Pulver vor Gebrauch zu entfernen.

MIT NATRIUMBICARBONAT

Für die Gerüche sind Bakterien verantwortlich. Um ihre Verbreitung aufzuhalten, das Innere der Schuhe mit Natriumbicarbonat bestreuen.

Bestandteile
- 1 oder 2 EL Natriumbicarbonat
- 2–3 Tropfen ätherisches Teebaumöl

Zubereitung und Anwendung
1 – Das Natriumbicarbonat und das ätherische Teebaumöl mischen. In die Schuhe leeren. Vorsichtig drehen, wenden und schütteln, um das Pulver zu verteilen.
2 – Einwirken lassen, bis die Schuhe wieder getragen werden sollen, mindestens über Nacht.
3 – Den Schuh umdrehen und ausschütteln, um das Pulver vor Gebrauch zu entfernen.

MIT ESSIG
Essig mit ätherischem Lavendelöl zu versprühen, erlaubt nicht nur die Bekämpfung von Bakterien, sondern hinterlässt auch einen angenehmen Lavendelduft.

Zubehör und Bestandteile
- Eine Essigsprühflasche
- Ein Glas Essig
- 2–3 Tropfen ätherisches Lavendelöl

Zubereitung und Anwendung
1 – Die Bestandteile in die Essigsprühflasche leeren. Zum Mischen schütteln.
2 – Den Schuh innen damit besprühen. Trocknen lassen.

Handwäsche

MIT SEIFENWASSER
Zubehör und Bestandteile
- Eine Wanne
- Ein Schwamm
- 1 EL flüssiges Geschirrspülmittel oder flüssige Schmierseife
- 1 l Wasser

Zubereitung und Anwendung
1 – Alle Bestandteile in die Wanne leeren. Mischen. Den Schwamm eintauchen, auswringen.
2 – Die Schuhe abbürsten. Allfällige Flecken mit einer Zahnbürste gründlicher bearbeiten.
3 – Trocknen lassen.

Flecken entfernen

Zubehör und Bestandteile
- Eine Essigsprühflasche
- Eine Zahnbürste

Anwendung
1 – Essig versprühen.
2 – Die Flecken mit einer Zahnbürste abbürsten.

Das große Bad

Wenn die Schuhe sehr schmutzig sind, empfiehlt sich ein großes Bad.

Zubehör und Bestandteile
- Eine Wanne
- Eine Bürste
- 1 EL flüssiges Geschirrspülmittel oder flüssige Schmierseife

Anwendung
1 – Die Wanne mit warmem Wasser füllen. Die Schmierseife hinzufügen. Mischen.
2 – Schnürsenkel und Einlegesohlen herausnehmen. Die Schuhe im Seifenwasser einweichen. Mit einem Gegenstand beschweren, um die Schuhe unter der Wasseroberfläche zu halten (oder eine kleine Flasche Wasser in die Schuhe stecken). Ein oder zwei Stunden eingeweicht lassen.
3 – Abbürsten. Mehrmals spülen.
4 – Mit Zeitungspapier trocknen – siehe oben.

In der Waschmaschine waschen

Manche Sportschuhe sind maschinenwaschbar, wenn man ein paar Vorsichtsmaßnahmen einhält.

1 – Schnürsenkel und Einlegesohlen herausnehmen. Alles zusammen in die Waschtrommel geben.
2 – Ein Glas Natriumbicarbonat hinzufügen (und kein Waschmittel). Ein Feinwäsche-Programm mit niedriger Temperatur durchlaufen lassen.
3 – Mit Zeitungspapier trocknen – siehe oben.

Die Yogamatte reinigen

Mit Essigwasser

Zubehör und Bestandteile

- Eine Sprühflasche
- Ein Tuch
- 1 Glas Essig
- 3 Gläser Wasser
- 10 Tropfen ätherisches Teebaumöl
- 10 Tropfen Lavendelöl

Zubereitung und Anwendung

1 – Alle Bestandteile in die Sprühflasche leeren.
2 – Aufsprühen. Mit einem Mikrofasertuch abreiben.
3 – Über einen Wäscheständer hängen oder auf einer Wäscheleine trocknen lassen.

Mit Seifenwasser

Zubehör und Bestandteile

- Eine Sprühflasche
- Ein Schwamm
- 1 EL flüssiges Geschirrspülmittel oder flüssige Schmierseife
- 1 l Wasser

Zubereitung und Anwendung

1 – Alle Bestandteile in die Sprühflasche leeren.
2 – Aufsprühen. Mit einem feuchten Schwamm abreiben.
3 – Über einen Wäscheständer hängen oder auf einer Wäscheleine trocknen lassen.

In der Badewanne

Zubehör und Bestandteile

- Ein Schwamm
- ½ Glas flüssiges Geschirrspülmittel oder flüssige Schmierseife

Zubereitung und Anwendung

1 – Die Badewanne etwa zwanzig Zentimeter hoch füllen. Das flüssige Geschirrspülmittel hinzufügen.
2 – Die Matte eintauchen. Mit einem Schwamm abreiben.
3 – Die Badewanne entleeren. Die Matte abspülen.
4 – Ein großes Badetuch am Fußboden ausbreiten. Die Matte darauf ablegen. Beides zusammen einrollen, um die Matte abzutrocknen.
5 – Über einen Wäscheständer hängen oder auf einer Wäscheleine trocknen lassen.

In der Waschmaschine

Doch, doch: Manche Matten sind in der Waschmaschine waschbar. Die Herstelleranweisungen befolgen. Ein Feinwäsche-Programm mit niedriger Temperatur und Schleuderdrehzahl auswählen. Die Matte allein waschen.

Andere Sportartikel

Trinkflaschen waschen

Der Großteil aller Trinkflaschen kann im Geschirrspüler gewaschen werden und es fehlt auch nicht an Handwäsche-Varianten – man hat also die Qual der Wahl. Idealerweise verwendet man eine Flaschenbürste, um die Ränder und den Boden ordentlich abbürsten zu können. Wenn Sie keine haben, folgen sie der Anleitung.

Mit Natriumbicarbonat und Essig

Es handelt sich um eine 2-Phasen-Methode. Es ist wichtig, die Reihenfolge der Schritte einzuhalten.

Zubehör und Bestandteile
- Eine Essigsprühflasche
- 1–2 EL Natriumbicarbonat

Anwendung
1 – Die Trinkflasche nass machen. Das Innere der Trinkflasche mit Natriumbicarbonat bestreuen. Diese drehen und schwenken, um innen die gesamte Oberfläche mit Natriumbicarbonat zu bedecken.
2 – Den Essig hineinsprühen. Das schäumt! Das Sprudeln wird Schmutz vom Boden der Trinkflasche lösen.
3 – Die Trinkflasche schließen und ein oder zwei Mal kräftig schütteln. Öffnen, um das Gas entweichen zu lassen. Wiederum schütteln.
4 – Ausleeren. Ausspülen.

Mit grobem Salz

Bestandteile
- 3 EL grobes Salz
- 1 Glas Essig

Anwendung
1 – Das grobe Salz und den Essig in die Trinkflasche leeren.
2 – Die Trinkflasche schließen und kräftig schütteln.
3 – Ausleeren. Ausspülen.

Mit Reiskörnern

Bestandteile
- 2–3 EL Reiskörner (nicht gekocht!)
- 1 Glas Seifenwasser

Anwendung
1 – Die Reiskörner und das Wasser in die Trinkflasche leeren.
2 – Schließen und kräftig schütteln.
3 – Ausleeren. Ausspülen.

Eine Sporttasche waschen

Die meisten Sporttaschen können in der Waschmaschine gewaschen werden. Vollständig entleeren, die herausnehmbaren Teile entfernen. Auf links drehen. Mit Natriumbicarbonat bei niedriger Temperatur einzeln waschen.

Badesachen vom Chlorgeruch befreien

In einer Wanne mit zwei Esslöffeln Kristallsoda einweichen oder bei niedriger Temperatur mit einem halben Glas Kristallsoda in der Waschmaschine waschen.

Sportkleidung und Sporthandtuch

Wenn die Sportkleidung nicht gleich gewaschen wird, muss man sie trocknen, um eine Ausbreitung von Bakterien zu verhindern. Bis zum Waschtag die schmutzige Sportkleidung und die Handtücher im Schmutzwäschekorb mit Natriumbicarbonat bestreuen. Mit einer Dosis Waschmittel und einem halben Glas Natriumbicarbonat in der Trommel waschen. Ein Glas Essig im Fach für den Weichspüler hinzufügen.

Daunenjacke waschen

Die Daunen in der Daunenjacke sind empfindlich und beweglich. Eine Maschinenwäsche kann sie ruinieren und an einigen Stellen regelrechte Daunenklumpen verursachen, während an anderen Stellen überhaupt keine Daunen mehr sind. Um sicherzugehen, dass die Daunen gleichmäßig verteilt bleiben, braucht es Waschbälle und Trocknerbälle.

Teile einer Daunenjacke reinigen (Kragen, Manschetten, fleckige Stellen)

Zubehör und Bestandteile

- Eine Wanne
- Ein Handtuch
- Ein Waschlappen
- 1 EL flüssige Schmierseife
- 2 l Wasser

Anwendung

1 – Das Wasser und die flüssige Schmierseife in die Wanne leeren. Mischen.
2 – Die Daunenjacke auf dem Handtuch ausbreiten. Den Waschlappen ins Seifenwasser tauchen. Den Waschlappen gut auswringen und die zu reinigenden Bereiche der Daunenjacke abreiben.
3 – Den Waschlappen mit Wasser abspülen und die gereinigten Bereiche der Jacke wiederum abreiben. Trocknen lassen.

Die Daunenjacke komplett waschen

Es ist möglich, seine Daunenjacke in der Waschmaschine zu waschen. Allerdings ist es wichtig, die Waschanleitung zu studieren, bevor man loslegt. Eine Daunenjacke schützt dank ihrer Daunen vor der Kälte. Die Luft, die sie einschließt, bildet eine Barriere gegen die Kälte. Je größer das Volumen, desto größer der Schutz. Aus diesem Grund ist es entscheidend, dass die Daunenjacke ihr Volumen behält. Beim Waschen in der Maschine können sich allerdings Klumpen von Daunen bilden, während für andere Bereiche der Jacke überhaupt keine Daunen überbleiben. Nicht nur ist ein solches Ergebnis unansehnlich, sondern die Daunenjacke büßt so auch einen Teil ihrer Schutzwirkung gegen die Kälte ein.

Zubehör und Bestandteile

- 3 Waschbälle (S. 143)
- Ein großes Handtuch
- 3 Trocknerbälle (S. 146)
- ½ Glas Wollshampoo

Anwendung

1 – Die Taschen der Daunenjacke leeren. Gemeinsam mit den Waschbällen und dem Wollshampoo in die Trommel geben.
2 – Ein Feinwäsche-Programm mit niedriger Temperatur und Schleuderdrehzahl wählen.
3 – Ein weiteres Spülprogramm gefolgt von schonendem Schleudern durchlaufen lassen.
4 – Die Daunenjacke aus der Maschine nehmen und schön flach auf dem Handtuch ablegen. Das Ganze vorsichtig zusammenrollen, um möglichst viel Wasser herauszuholen.
5 – Mit den Trocknerbällen in den Wäschetrockner geben. Bei niedriger Temperatur oder überhaupt kalt trocknen. Der Trockenvorgang wird dadurch zwar verlängert, aber die Daunenjacke geschützt.

Miele

Wohn- UND ESSZIMMER

Ort der Geselligkeit, wo die Familienmitglieder einander begegnen. Öffentlicher Ort, wo man seine Freunde empfängt. Dieser Raum hat Ähnlichkeiten mit Ihnen selbst. Und wie Sie selbst verändert er sich. Man kann dort alle Materialien finden: Stoff, Holz, Stein. Trotzdem ist seine Pflege nicht sonderlich kompliziert.

Parkett- und Holzböden

Reinigungsflüssigkeit mit Schmierseife für unbehandeltes, gewachstes, geöltes oder versiegeltes Holz

Zubehör und Bestandteile
- Eine Flasche (1 l) samt dazugehörigem Verschluss • Ein Trichter
- Ein Bodentuch • ½ l warmes Wasser
- 1 EL flüssige Schmierseife • ½ l Essig
- 1 TL ätherisches Zitronenmelissenöl

Zubereitung und Anwendung

1 – Den Trichter in den Flaschenhals stecken. Das warme Wasser und dann die Schmierseife einfüllen. Zum Auflösen der Seife schütteln.

2 – Die anderen Bestandteile einfüllen. Schütteln.

3 – Ein Glas von dieser Flüssigkeit in einen Eimer Wasser leeren. Das Bodentuch in den Eimer tauchen. Gut auswringen, um das Holz nicht in der Tiefe zu durchfeuchten. Mit dem Bodentuch die gesamte zu reinigende Fläche abwischen.

Einen Fußboden aus unbehandeltem Holz oder Bambus reinigen

Zubehör und Bestandteile
- Ein Eimer
- Ein Bodentuch aus Mikrofaser
- Ein Glas Essig
- 1 TL ätherisches Waldkiefernöl

Zubereitung und Anwendung

1 – Den Eimer mit Wasser füllen. Den Essig und das ätherische Waldkiefernöl hinzufügen.

2 – Das Bodentuch ins Wasser tauchen. Gut auswringen, um das Holz nicht tiefer zu durchfeuchten. Mit dem Bodentuch über die gesamte zu reinigende Fläche wischen.

Nährlösung mit Olivenöl

Vor dem Ölen eines Parkettbodens verwenden.

Zubehör und Bestandteile
- Ein 2-l-Kanister samt dazugehörigem Verschluss • Ein Trichter • 1,5 l warmes Wasse • 1 EL flüssige Schmierseife
- 1 Glas Essig • ½ Glas Olivenöl

Zubereitung und Anwendung

1 – Den Trichter in die Flasche stecken. Das warme Wasser und die Seife einfüllen. Zum Auflösen der Seife schütteln.

2 – Die anderen Bestandteile hinzufügen. Zum Emulgieren schütteln.

3 – Unverdünnt anwenden und das Parkett damit überziehen.

Pflegeöl für geölte und gewachste Parkettböden

Bienenwachs ist ein Naturprodukt. Zunächst fühlt es sich etwas klebrig an. Das vergeht, sobald man es poliert, sei es mit einem Tuch oder indem man auf Socken darübergeht oder Rutschpartien veranstaltet.

Zubehör und Bestandteile
- Ein Wasserbad • Ein Trichter • Ein Kanister (1 l) samt dazugehörigem Verschluss
- Ein Bodentuch aus Mikrofaser
- 100 g Bienenwachs • 200 ml Leinöl
- 200 ml Olivenöl • 200 ml Terpentinöl

Zubereitung und Anwendung

1 – Das Wachs im Wasserbad schmelzen.

2 – Die anderen Bestandteile hinzufügen. Mischen.

3 – Mit Hilfe des Trichters in den Kanister leeren.

4 – Vor Gebrauch zum Emulgieren schütteln. Unverdünnt mit einem Mikrofaser-Bodentuch anwenden.

Fliesen

Es gibt Fliesen und Fliesen. Derselbe Begriff bezeichnet gleichzeitig Fliesen aus Terrakotta, Steingut, Steinzeug, Zement oder Vinyl. Fast alle diese Materialien sind porös. Daher sind die Fliesen in den allermeisten Fällen mit einer emaillierten Schutzschicht überzogen, was ihre Pflege sehr vereinfacht. Das heißt nicht, dass man mit seinen Fliesen achtlos umgehen dürfte, sonst läuft man Gefahr, sie unwiederbringlich zu beschädigen.

Fliesenböden mit Wasserdampf abwaschen

Dampfreiniger und Dampfbürste nutzen die reinigenden und keimtötenden Eigenschaften von Wasserdampf für eine Tiefenreinigung ohne Reinigungsmittel. Beide sind sie für die Pflege von Fliesenböden geeignet.

Multifunktions-Reinigungsflüssigkeit mit flüssiger Schmierseife

Die einfachsten Rezepte sind oft die besten. Es gibt nichts Besseres für die Fliesenreinigung als ein wenig flüssige Schmierseife.

Zubehör und Bestandteile für 1 Liter
- Eine Flasche (1 l) samt dazugehörigem Verschluss
- 800 ml warmes Wasser
- 3 EL flüssige Schmierseife
- 20–30 Tropfen ätherisches Eukalyptusöl

Zubereitung und Anwendung
1 – Das warme Wasser in die Flasche schütten. Die Seife hinzufügen. Zum Mischen schütteln.
2 – Das ätherische Öl hinzufügen.
3 – Auf allen zu reinigenden Oberflächen zur Anwendung bringen, indem man eine Verschlusskappe voll mit einem Liter warmem Wasser verdünnt.

Klebrige Fliesen reinigen

Klebrige Fliesen weisen oft auf das Vorhandensein von Seifenrückständen einer früheren Reinigung hin. Die Säure der Zitrone ist sanft genug, um die Fliesen nicht zu beschädigen, und stark genug, um Seifenreste zu eliminieren.

Zubehör und Bestandteile
- Ein Eimer
- Ein Mikrofaser-Bodentuch
- 1 Glas Essig oder der Saft einer Zitrone
- 1 TL ätherisches Zitronenöl

Zubereitung und Anwendung
1 – Den Eimer mit Wasser füllen. Den Essig und das ätherische Zitronenöl hinzufügen.
2 – Das Bodentuch ins Wasser tauchen. Die gesamte zu reinigende Oberfläche schrubben. Nachspülen.

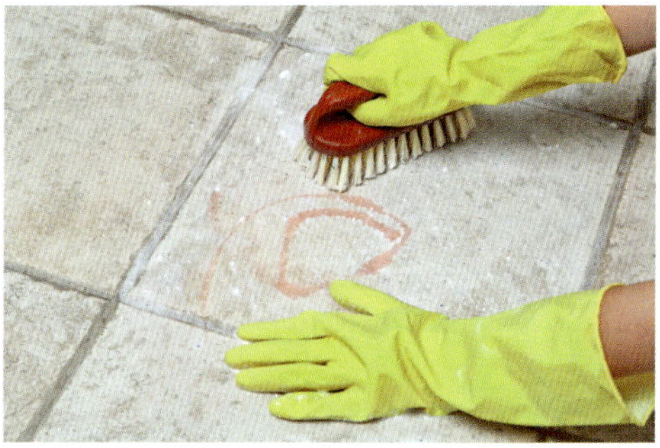

Schmutz mit Weizenstärke entfernen

Durch Abkochen von Weizenkleie erhält man tensidreiches Wasser, mit dem sich Schmutz lösen lässt.

Zubehör und Bestandteile
- Ein Kochtopf (5 l) • Ein Spitzsieb
- Ein Eimer • Ein Mikrofaser-Bodentuch
- 500 g Weizenkleie • 3 l Wasser

Zubereitung und Anwendung
1 – Die Weizenkleie und das Wasser in den Kochtopf leeren. Zum Kochen bringen. Auf kleiner Flamme etwa zwanzig Minuten lang köcheln lassen.
2 – Wieder auf Raumtemperatur abkühlen lassen. Das Spitzsieb über dem Eimer platzieren. Filtrieren.
3 – Das Bodentuch in den Eimer tauchen. Die gesamte zu reinigende Oberfläche schrubben. Etwa zehn Minuten einwirken lassen. Nachspülen.

Flecken von Steinzeug- oder Terrakottafliesen entfernen

Zubehör und Bestandteile
- Eine Schüssel • Ein Schwamm oder Tuch
- 3 EL Natriumbicarbonat • 3 EL Wasser

Zubereitung und Anwendung
1 – Das Natriumbicarbonat und das Wasser in der Schüssel mischen, um eine Paste zu erhalten.
2 – Eine Kleinigkeit von dieser Paste mit dem Tuch aufnehmen. Den Fleck abreiben. Nachspülen.

Fettflecken entfernen

Zubehör und Bestandteile
- Eine Bürste
- Pfeifenerde

Anwendung
1 – Die Pfeifenerde großzügig auf den Fleck streuen. Leicht reiben, damit die Erde das Fett auch aus der Tiefe aufnimmt. Ein oder zwei Stunden einwirken lassen.
2 – Die Erde wegfegen. Nachspülen.

Lädiertem Steinzeug oder Terracotta wieder Glanz verleihen

Das Aufbringen von Leinöl sollte durch Abnutzung oder durch säurehaltige Reinigungsmittel matt gewordenen Fliesen wieder Glanz verleihen.

Zubehör und Bestandteile
- Ein Mikrofasertuch
- Leinöl

Anwendung
1 – Die matt gewordenen Fliesen mit dem Leinöl einlassen. Das Öl einige Stunden lang in die Fliesen einziehen lassen. Wenn sie sich danach fettig anfühlen, das überschüssige Leinöl mit einem Tuch abwischen.

Teppich und -boden

Teppichböden und Teppiche mit Wasserdampf reinigen

Ein Dampfreiniger erlaubt zum einen das Lösen von verkrustetem Schmutz und zum anderen die Entfernung von Flecken aus Teppichböden und Teppichen.

Anwendung
1 – Mit den Flecken beginnen. Die Hochdruckdüse montieren und den Strahl horizontal auf den Fleck richten. Das überschüssige Wasser mit einem Tuch abtupfen.
2 – Den Dampfreiniger mit der großen Bürste bestücken. Langsam und vorsichtig die gesamte Oberfläche des Teppichbodens, ohne zu bürsten, auskämmen, damit der Dampf in die Tiefe des Gewebes eindringen und verkrusteten Schmutz lösen kann. Parallel Streifen für Streifen arbeiten: Bei jedem Streifen die Bürste zuerst nur nach vorne und in einem zweiten Durchgang nur zurück bewegen.
3 – Die Bürste in ein Tuch einwickeln und über die gesamte Fläche führen, um den an die Oberfläche gestiegenen Schmutz aufzunehmen.

Flecken auf einem Teppich oder Teppichboden entfernen

Zubehör und Bestandteile
- Eine Sprühflasche (1 l) • 1 l Essig
- 20 Tropfen ätherisches Eukalyptusöl
- 10 Tropfen ätherisches Teebaumöl
- Natriumbicarbonat

Zubereitung und Anwendung
1 – Den Essig und die ätherischen Öle in die Sprühflasche leeren. Zum Mischen schütteln.
2 – Großzügig auf alle Flecken aufsprühen. Einmassieren oder bürsten. Etwa zwanzig Minuten einwirken lassen.
3 – Mit Natriumbicarbonat bestreuen. Das Natriumbicarbonat reagiert mit dem Essig und bewirkt ein leichtes Freiwerden von prickelndem CO_2. Das resultierende Sprudeln löst verkrustete Flecken.
4 – Trocknen lassen, dann absaugen.
5 – Bei hartnäckigen Flecken die Schritte 2 und 3 wiederholen, dann vor Schritt 4 mit einer Bürste schrubben.

Mit Seifenwasser Flecken entfernen

An Seifenschaum denken, um den Teppichboden nicht zu durchnässen, der sonst zu lange zum Trocknen brauchen würde.

Zubehör und Bestandteile
- Ein Krug (mindestens 2 l) • Ein Stabmixer
- Ein Tuch • 1 EL geriebene Marseiller Seife • ½ l kochendes Wasser

Zubereitung und Anwendung
1 – Das kochende Wasser und die geriebene Seife in den Krug leeren. Den Stabmixer in den Krug tauchen und mixen. Das schäumt!
2 – Etwas Schaum mit einem Tuch aufnehmen und den Teppich abreiben.
3 – Falls der Schaum in sich zusammenfällt, wiederum mixen.
4 – Trocknen lassen.

Einen Fettfleck entfernen

Zubehör und Bestandteile
- Eine Essigsprühflasche
- Ein Tuch • 1 Glas Pfeifenerde

Zubereitung und Anwendung
1 – Den Fleck mit Pfeifenerde bestreuen. Die Pfeifenerde absorbiert das Fett. Einige Stunden einwirken lassen.
2 – Absaugen.
3 – Essig aufsprühen, mit einem Tuch einmassieren. Trocknen lassen.

Essigreinigung des gesamten Teppichs oder Teppichbodens

Zubehör und Bestandteile
- Eine Sprühflasche (1 l)
- ½ l Essig
- ½ l Wasser
- 20 Tropfen ätherisches Geraniumöl
- 10 Tropfen ätherisches Lavendelöl

Zubereitung und Anwendung
1 – Alle Bestandteile in die Sprühflasche leeren. Zum Mischen schütteln.
2 – Flächendeckend aufsprühen. Der Essig löst verkrusteten Schmutz.
3 – Mit einem Schrubber abbürsten. Absaugen.

Reinigung des Teppichbodens mit Salz und Zitrone

Zubehör und Bestandteile
- Eine Sprühflasche (1 l)
- ½ l Wasser
- Saft einer Zitrone
- 3 EL Salz
- 10 Tropfen ätherisches Zitronenöl

Zubereitung und Anwendung
1 – Alle Bestandteile in die Sprühflasche leeren. Zum Mischen schütteln.
2 – Flächendeckend aufsprühen. Mit einem Schrubber abbürsten. Über Nacht einwirken lassen.
3 – Absaugen.

Gewachster Beton

Wie schon sein Name verrät, ist gewachster Beton ... Beton, der gewachst ist. Das Wachs wirkt als Schutzschicht, die den Beton weniger porös und glatter macht und dafür sorgt, dass er sich angenehmer anfühlt. Die Verwendung von handelsüblichen Produkten zur „Betonreinigung" ist ebenso unbedingt zu vermeiden wie Javelwasser sowie säurehaltige Produkte und/oder solche mit Scheuerwirkung. Damit würde man die Schutzschicht angreifen und den gewachsten Beton für Abnutzung und Flecken anfällig machen.

Alltägliche Pflege mit Wasser

Gewachsten Beton säubert man ganz einfach mit einem leicht befeuchteten Bodentuch aus Mikrofaser. Gewachster Beton mag nicht zu viel Wasser; man wird daher vermeiden, ihn wirklich nass aufzuwaschen, sonst besteht die Gefahr, ihn zu beschädigen.

Einen sehr schmutzigen Fußboden aus gewachstem Beton reinigen

Zubehör und Bestandteile
- Ein Eimer
- Ein Bodentuch aus Mikrofaser
- 1 EL flüssige Schmierseife

Anwendung
1 – Den Eimer mit warmem Wasser füllen. Die flüssige Schmierseife hinzufügen.
2 – Das Bodentuch eintauchen und gründlich auswringen. Den Boden aufwaschen.

Linoleum

Linoleum beschwört sofort das Bild eines nichtssagenden, langweiligen Bodenbelags herauf. Dabei ist er hygienisch, antibakteriell und pflegeleicht. Nachdem er hauptsächlich aus Materialien pflanzlichen Ursprungs besteht, ist Linoleum auf natürliche Weise hypoallergen.

Alltägliche Pflege mit Wasser

Im normalen Alltagsbetrieb reinigt man Linoleum mit einem leicht befeuchteten Bodentuch aus Mikrofaser. Das ist alles. Man sollte vermeiden, es wirklich nass aufzuwaschen, sonst besteht die Gefahr, es zu beschädigen.

Trick für glänzendes Linoleum

Zubehör und Bestandteile
- Eine Sprühflasche
- 350 ml Wasser
- 150 ml Haushaltsalkohol
- 10 Tropfen ätherisches Eukalyptusöl

Zubereitung und Anwendung
1 – Alle Bestandteile in die Sprühflasche leeren. Schließen und zum Mischen schütteln.
2 – Als Nebel mannshoch versprühen. Trocknen lassen.

Sehr schmutziges Linoleum abwaschen

Mit Geschirrspülmittel oder Kristallsoda.

Zubehör und Bestandteile
- Ein Eimer
- Ein Bodentuch aus Mikrofaser
- 2 oder 3 EL fettlösendes flüssiges Geschirrspülmittel (S. 68) oder 1 Glas Kristallsoda

Anwendung
1 – Den Eimer mit warmem Wasser füllen. Das flüssige Geschirrspülmittel (oder das Kristallsoda) hinzufügen.
2 – Das Bodentuch eintauchen und gründlich auswringen. Den Boden aufwaschen.

Klebriges Linoleum behandeln

Rückstände von zu konzentriert angewendeten handelsüblichen Reinigungsmitteln können Linoleum klebrig werden lassen.

Zubehör und Bestandteile
- Ein Eimer • Ein Bodentuch aus Mikrofaser
- 1 Glas Essig

Anwendung
1 – Den Eimer mit warmem Wasser füllen. Den Essig hinzufügen.
2 – Das Bodentuch eintauchen und gründlich auswringen. Den Boden aufwaschen.

Abrieb am Linoleum verschwinden lassen

Zubehör und Bestandteile
- Ein Mikrofasertuch • Leinöl

Anwendung
1 – Das Tuch leicht mit Öl tränken.
2 – Die beschädigten Bereiche mit kreisförmigen Bewegungen abreiben.

Fleckenentfernung auf Linoleum

Zubehör und Bestandteile
- Eine Schüssel • Ein Tuch • Ein Bodentuch
- 1 oder 2 EL Natriumbicarbonat
- 1 oder 2 EL Pfeifenerde

Anwendung
1 – Die Pulver miteinander vermischen.
2 – Mit dem Tuch ein wenig von dieser Mischung aufnehmen. Den Fleck mit kreisförmigen Bewegungen abreiben. Etwa zwanzig Minuten einwirken lassen. Wegkehren.
3 – Mit einem leicht angefeuchteten Bodentuch nachwischen.

Möbel

Pflege eines Sofas mit Stoffbezug

Mit einem Dampfreiniger

1 – Staubsaugen, um sämtlichen Staub zu entfernen.
2 – Jene Teile abdecken, die durch den Dampf womöglich beschädigt werden könnten, wie zum Beispiel hölzerne Armlehnen. Frischhaltefolie aus der Küche oder Abdeckband für Maler sind geeignete Kandidaten für diese Aufgabe.
3 – An einer Stelle auf der Rückseite des Sofas ausprobieren, um sicherzustellen, dass sich der Stoff für eine Dampfreinigung eignet.
4 – Mit gleichmäßigen Handbewegungen und stets in dieselbe Richtung die Bürste über das Sofa bewegen.
5 – Mindestens 24 Stunden lang trocknen lassen.

Mit Natriumbicarbonat

Alle mit Stoff überzogenen Möbel brauchen ein regelmäßiges Abstauben. Ein Staubsauger mit flachem Aufsatz ermöglicht das Entfernen von Staub und gröberen Verunreinigungen. Für eine in die Tiefe gehende Reinigung leistet Natriumbicarbonat (das schon wieder!) die erforderliche Hilfe. Nicht zögern, ätherische Öle hinzuzufügen, wie Teebaumöl wegen seiner antiseptischen Eigenschaften oder Rosenöl wegen seines zarten Duftes – etwa zehn Tropfen pro Glas Natriumbicarbonat.

Zubehör und Bestandteile
- Eine Bürste
- Ein Natriumbicarbonat-Streuer

Anwendung
1 – Das Möbel mit Natriumbicarbonat bestreuen. Vorsichtig abbürsten, damit das Natriumbicarbonat in die Nähte und Winkel eindringt.
2 – Über Nacht einwirken lassen. Absaugen.

Einen Urinfleck entfernen

Wenn der Fleck noch frisch ist, mit Natriumbicarbonat, Pfeifenerde oder einer Mischung aus beidem beginnen.

Zubehör und Bestandteile
- Putzlappen
- Etwas Seifenwasser
- 1 Glas Natriumbicarbonat oder Pfeifenerde

Anwendung
1 – Den Fleck mit einem Tuch aufsaugen.
2 – Das Natriumbicarbonat auf den Fleck schütten und vorsichtig reiben, um die Absorptionswirkung zu erhöhen. Einige Stunden lang einwirken lassen. Absaugen.
3 – Ein Tuch mit Seifenwasser tränken und den Fleck abreiben, um die Reste des Natriumbicarbonats zu entfernen. Trocknen lassen.

Wenn der Fleck älteren Datums ist, muss man ihn zuerst wieder befeuchten, um ihn loszuwerden.

Zubehör und Bestandteile
- Putzlappen
- Eine Essigsprühflasche

Anwendung
1 – Den Essig auf den Fleck aufsprühen und vorsichtig mit kreisförmigen Bewegungen abreiben.

Fleckenentfernung mit Seifenschaum

Damit man die Polsterung durch Abwaschen mit Seifenwasser nicht durchnässt, gibt es Seifenschaum. Obendrein macht das auch noch richtig Spaß.

Zubehör und Bestandteile
- Ein Krug (mindestens 2 l)
- Ein Stabmixer
- Ein Tuch
- 1 EL geriebene Marseiller Seife
- ½ l kochendes Wasser

Zubereitung und Anwendung
1 – Das kochende Wasser und die geriebene Seife in den Krug leeren. Den Stabmixer in den Krug tauchen und mischen. Das schäumt!
2 – Mit einem Putzlappen ein wenig Schaum aufnehmen und das Sofa abreiben.
3 – Falls der Schaum in sich zusammenfällt, wieder mixen.
4 – Trocknen lassen.

Flecken aus Bezugsstoffen entfernen

Wie beim Entfernen von Flecken aus der Wäsche unterscheiden sich die Techniken je nach Art des Flecks. Man versucht also nach und nach Folgendes:

1 – Mit Pfeifenerde bestreuen. Vorsichtig reiben, um die Absorption zu verstärken. Einige Stunden einwirken lassen. Absaugen. Ein Tuch mit Seifenwasser tränken und den Fleck abreiben, um die Rückstände der Pfeifenerde zu entfernen. Trocknen lassen.
Wenn es sich um einen Fettfleck handelt, ist das die beste Möglichkeit, damit fertig zu werden, und wenn es etwas anderes ist, kann es nicht schaden.
oder

2 – Eine gesättigte Natriumbicarbonat-Lösung aufsprühen und mit kreisförmigen Bewegungen vorsichtig reiben.
oder

3 – Essig versprühen und mit kreisförmigen Bewegungen vorsichtig reiben.
oder

4 – Eine seifige Lösung herstellen, indem man einen Teelöffel flüssige Schmierseife in einem Glas Wasser auflöst. Ein Tuch in diese Lösung tauchen und mit kreisförmigen Bewegungen vorsichtig reiben.
oder

Wenn alle bisherigen Methoden versagt haben, bleiben noch schwerere Geschütze. Vorsicht, sie könnten den Stoff beschädigen. Es ist ratsam, zunächst einen Versuch an einer Stelle zu machen, die üblicherweise nicht sichtbar ist (Unterseite eines Sitzkissens, Rückseite des Sofas).

5 – Eine gesättigte Kristallsodalösung versprühen und mit kreisförmigen Bewegungen vorsichtig reiben.
oder

6 – Natriumpercarbonat in sehr warmem Wasser auflösen. Diese Lösung versprühen und mit kreisförmigen Bewegungen vorsichtig reiben.
oder

7 – Ein Tuch mit Wasserstoffperoxid tränken und mit kreisförmigen Bewegungen vorsichtig reiben.

Marmor auffrischen

Säuren, wie Essig und Zitrone, sind zu vermeiden.

Mit Putzstein

Zubehör und Bestandteile
- Ein Schwamm
- Ein Putzstein (S. 31)

Anwendung
1 – Den Schwamm befeuchten. Über den Putzstein reiben.
2 – Den Marmor polieren. Abspülen. Trockenwischen.

Mit Alkohol

Ich liebe meinen Spray auf Alkoholbasis mit Zitrusfruchtschalen. Er ist nicht nur unerhört wirksam, sondern riecht zusätzlich auch noch wundervoll.

Zubehör und Bestandteile
- Ein Putzlappen
- Spray auf Alkoholbasis mit Zitrusfruchtschalen (S. 28)

Anwendung
1 – Auf die gesamte zu reinigende Fläche aufsprühen.
2 – Polieren.

Holzmöbel

Olivenöl-Holzpflegemittel

Bestandteile
- Der Saft einer Zitrone
- 1 Glas Olivenöl

Anwendung
1 – Die Bestandteile in eine Flasche leeren. Zum Emulgieren schütteln.
2 – Ein Mikrofasertuch leicht mit der Mischung tränken. Die Möbel polieren.

Reparaturwachs auf Bienenwachs-Basis

Zubehör und Bestandteile
- Ein Wasserbad
- Ein Einmachglas (etwa 200 ml) samt dazugehörigem Deckel
- 50 g Bienenwachs
- 100 ml Leinöl
- 2 EL Schmierseife
- 20 Tropfen ätherisches Atlaszedernöl

Zubereitung und Anwendung
1 – Das Bienenwachs im Wasserbad schmelzen.
2 – Die anderen Bestandteile hinzufügen. Mischen. Ins Einmachglas leeren. Auskühlen lassen.
3 – Mit einem weichen Tuch etwas Wachs aufnehmen. Die Möbel polieren.
4 – Über Nacht einwirken lassen. Auf Glanz polieren.

Trick: Das Wachs verfestigt sich rasch, und zwar auch schon bei höheren Temperaturen. Bei der Reinigung des für die Zubereitung verwendeten Zubehörs als erstes kochendes Wasser eingießen.

Fensterscheiben

Fensterputzspray

Der Essig ist unerbittlich gegenüber Insektenrückständen. Das ätherische Geraniumöl vertreibt Mücken und steuert eine blumige Note bei.

Zubehör und Bestandteile für 1 Liter
- Eine Sprühflasche (1 l)
- Ein Trichter
- 300 ml Essig
- 600 ml Wasser
- 20 Tropfen ätherisches Geraniumöl

Zubereitung und Anwendung
1 – Den Trichter in den Hals der Sprühflasche stecken. Alle Bestandteile in die Sprühflasche leeren. Schütteln.
2 – Auf Glasflächen versprühen. Mit einem Mikrofasertuch abwischen.
3 – Mit einem Tuch oder Zeitungspapier trockenwischen.

Glasreinigungsspray auf Alkoholbasis

Alkohol trocknet schneller und verhindert dadurch, dass sich Schlieren bilden.

Zubehör und Bestandteile für 1 Liter
- Eine Sprühflasche (1 l)
- Ein Trichter
- 500 ml Wasser
- 100 ml Essig
- 100 ml Spray auf Alkoholbasis mit Zitrusfruchtschalen (S. 28)

Zubereitung und Anwendung
1 – Den Trichter in den Hals der Sprühflasche stecken. Alle Bestandteile hineinleeren. Schütteln.
2 – Auf den Glasoberflächen versprühen. Mit einem Mikrofasertuch wischen.
3 – Mit einem Tuch oder Zeitungspapier trockenwischen.

Die Scheibe eines Kaminofens abwaschen

Die Asche aus dem Kamin ist nicht bloß Abfall. Da sie stark alkalisch ist, gibt sie ein wirkungsvolles Reinigungsmittel ab. Ihre feinen Partikel haben darüber hinaus auch eine aufweichende Wirkung.

Zubehör und Bestandteile
- Zeitungspapier
- Ein Tuch
- Eine Schüssel Wasser
- Asche
- Eine Essigsprühflasche

Anwendung
1 – Das Zeitungspapier fest zu einer kleinen Kugel knüllen. Diese Kugel einen Zentimeter tief ins Wasser und dann in die weiße Asche des Kamins tauchen, um sie als Bürste zu verwenden.

2 – Die Scheibe des Kamins mit der an der Papierkugel haftenden Asche abreiben. Die schwarzen Rückstände verschwinden von der Scheibe und gehen auf das Zeitungspapier über.
3 – Die Kugel ein Stück weiterdrehen, an einer anderen Stelle wieder ins Wasser und dann in die Asche tauchen und weiterreiben, bis man alle schwarzen Rückstände beseitigt hat.
4 – Wenn die Asche Spuren auf der Scheibe verursacht, etwas Essig aufsprühen. Mit einem Tuch abwischen.

Eine Vase auswaschen

Es ist schwer, auf den Boden einer Vase mit engem Hals zu gelangen. Eine Flaschenbürste ist oft hilfreich, aber nicht immer ausreichend.

Mit grobem Salz oder Sand

Zubehör und Bestandteile
- 2–3 EL grobes Salz oder Sand
- 1 Glas Essig

Anwendung
1 – Das grobe Salz und den Essig in die Vase leeren.
2 – Mit einer Hand die Öffnung abdecken und kräftig schütteln.
3 – Ausleeren. Nachspülen.

Mit Reiskörnern

Zubehör und Bestandteile
- 2–3 EL Reiskörner (nicht gekocht!)
- 1 Glas Seifenwasser

Anwendung
1 – Die Reiskörner und das Seifenwasser in die Vase leeren.
2 – Mit einer Hand die Öffnung abdecken und kräftig schütteln.
3 – Ausleeren. Nachspülen.

Mit Natriumbicarbonat und Essig

Klar, ich bin schon darauf gefasst, dass Sie gleich sagen: Schon wieder Natriumbicarbonat und Essig! Ja, never change a winning team. Und das ist auch gut so.

Zubehör und Bestandteile
- Eine Essigsprühflasche
- 2–3 EL Natriumbicarbonat

Anwendung
1 – Die Vase innen befeuchten. Das Natriumbicarbonat in die Vase streuen. Die Vase drehen und schwenken, um alle Innenwände mit Natriumbicarbonat zu bedecken.
2 – Den Essig hineinsprühen. Das schäumt! Durch das Sprudeln wird sich der Schmutz am Boden der Vase lösen.
3 – Mit einer Hand die Öffnung abdecken und ein- oder zweimal kräftig schütteln. Die Hand von der Öffnung nehmen, damit das Gas entweichen kann. Wieder schütteln.
4 – Ausleeren. Ausspülen.

Duft im Haus verbreiten

Mit Natriumbicarbonat

Natriumbicarbonat ist eine ausgezeichnete Trägersubstanz für ätherische Öle. Man kann es in verschiedenste Behälter leeren. Ich färbe es gerne mit Kurkuma, dekoriere es mit Glasperlen oder arrangiere es schichtweise abwechselnd mit farbigem Ton.

Zubehör und Bestandteile
- Ein Behälter (eine Schüssel oder ein dekoratives Einmachglas)
- Natriumbicarbonat
- Ätherisches Öl nach Wahl: Rose, Zitrusfrüchte, Zeder, Lavendel

Zubereitung und Anwendung
1 – Drei bis vier Esslöffel Natriumbicarbonat und etwa zehn Tropfen ätherisches Öl in die Schüssel leeren.
2 – Um die Wirkung zu erhöhen, mehrere Schüsseln pro Raum aufstellen. Wenn der Duft nachlässt, einige Tropfen ätherisches Öl hinzufügen.

Alternative: Die ätherischen Öle auf poröse Kieselsteine tropfen.

Mit Glycerin

Zubehör und Bestandteile
- Eine hübsche Flasche (250 ml)
- 3 dünne Holzstäbchen (Spießchen)
- 100 ml Glycerin
- 100 ml Alkohol (70 Vol.-%)
- Etwa 20 Tropfen ätherisches Öl nach Wahl: Rose, Zitrusfrüchte, Zeder, Lavendel

Zubereitung und Anwendung
1 – Das Glycerin, den Alkohol und die Tropfen ätherisches Öl in die Flasche leeren. Mischen.
2 – Die Stäbchen in den Flaschenhals stecken, damit sie über den Kapillareffekt für die Diffusion sorgen.
3 – Um die Wirkung zu erhöhen, mehrere Flaschen pro Raum aufstellen.

Duftorangen

Duftorangen haben eine charmante, reizend altmodische Note. Schon ihr Name lässt an etwas Zauberhaftes denken. Sie sind dekorativ, spielerisch herzustellen, preiswert und duften wunderbar. Worauf warten wir also noch?

Zubehör und Bestandteile
- Eine Reißzwecke
- Etwa 1 m Zierband (oder Schnur, Bast)
- 1 Orange
- Etwa 30 Gewürznelken

Zubereitung und Anwendung

1 – Die Orange in die Hand nehmen. Sich ein oder mehrere Motive ausdenken: Mond, Blume, Stern, Krone. Die Reißzwecke in die Orange stechen, um dieses oder diese Motive aus etwa 5 mm auseinanderliegenden Einstichen vorzuzeichnen.

2 – Die Stängel der Gewürznelken in die Einstiche der Reißzwecke stecken. Das Prinzip besteht darin, die ganze Dicke der Schale zu durchdringen, damit der Saft sich verflüchtigt, den Duft verbreitet und ein Faulen verhindert.

3 – Die Orange über Kreuz mit dem Band umschlingen und im Wohnzimmer aufhängen. Bewundern, schnuppern, sich entspannen.

Potpourri

Zubehör und Bestandteile
- Ein kleiner Korb oder eine Salatschüssel
- Ein paar Handvoll getrocknete Blumen: Rose, Lavendel
- oder ein paar Handvoll Küchenkräuter: Minze, Melisse, Thymian, Rosmarin
- oder ein paar Handvoll Blätter und Schalen: Eukalyptus, Zeder, Orange, Zitrone

Zubereitung und Anwendung

1 – Die duftende Mischung zusammenstellen und in den Korb schütten.

2 – Um die Wirkung zu erhöhen, mehrere Körbe im Raum verteilen.

DIE LUFT REINIGEN

Ich könnte jetzt wieder davon anfangen, dass Raumluft fünf bis zehn Mal stärker verschmutzt ist als Freiluft, dass wir drei Viertel unserer Zeit drinnen verbringen und dass Pflanzen aufgrund eines von ihnen hergestellten Mikro-Ökosystems zur Luftreinigung beitragen. Aber mir ist es lieber, Ihnen zu sagen, dass Pflanzen ein beruhigender und angenehmer Anblick sind. Im eigenen Wohnzimmer Pflanzen aufzustellen, ist gut für die Lunge, das Auge und das Gemüt.

Garten

Im Garten giftige Chemikalien zu verwenden, bedeutet die Garantie, sie in den Blumen wiederzufinden und, schlimmer noch, im Gemüse aus dem Gemüsegarten. Die Gartenmöbel und der Gartengrill sind der Witterung ausgesetzt, die ihnen zu schaffen macht. Damit sie wieder aussehen wie neu, braucht es nur ein paar einfache Reinigungsmittel, dazu aber auch ein wenig Muskelschmalz.

Grill

Rost mit einer Kartoffel entfernen

Nein, das ist kein Scherz. Die Oxalsäure der Kartoffel eliminiert gemeinsam mit der Scheuerwirkung des Natriumbicarbonats den Rost.

Zubehör und Bestandteile

- Ein Suppenteller
- 1 Glas Natriumbicarbonat
- Eine rohe Kartoffel

Anwendung

1 – Das Natriumbicarbonat in den Teller leeren. Die Kartoffel in zwei Hälften schneiden. Den Anschnitt der Kartoffel ins Natriumbicarbonat tauchen.
2 – Die rostigen Bereiche abreiben.
3 – Wenn die Kartoffel beginnt, sich zu verflüssigen, die entsprechende Scheibe abschneiden. Neuerlich den Anschnitt der Kartoffel ins Natriumbicarbonat tauchen und damit fortfahren, die rostigen Bereiche abzureiben.
4 – Nachspülen. Abtrocknen.

Rost mit Essig entfernen

Zubehör und Bestandteile

- Zwei Wannen
- Ein Schwamm
- Ein Stück Alufolie
- 1 l Essig
- 1 Glas grobes Salz
- 2 EL Kristallsoda

Anwendung

1 – Den Essig und das Salz in die Wanne leeren. Mischen. Den Schwamm eintauchen. Alle verrosteten Bereiche benetzen. Ein oder zwei Stunden einwirken lassen.
2 – Die Alufolie zu einer kleinen Kugel zusammenknüllen und schrubben, um den Rost zu lösen.
3 – Die zweite Wanne mit Wasser füllen. Das Kristallsoda hinzufügen. Mischen, damit es sich auflöst.
4 – Den Schwamm mit der Kristallsoda-Lösung tränken. Alle behandelten Bereiche abtupfen, um die Säure des Essigs zu neutralisieren. Mit frischem Wasser nachspülen. Abtrocknen.

Einen Grill mit grobem Salz blank scheuern

Zubehör und Bestandteile

- Eine Bürste
- Eine Schüssel
- 1 Glas grobes Salz
- 1 Glas Essig

Zubereitung und Anwendung

1 – Das grobe Salz und den Essig in die Schüssel leeren. Mischen, um eine Paste herzustellen.
2 – Mit einer Bürste ein wenig von dieser Paste aufnehmen. Den Grill abreiben. Etwa zwanzig Minuten einwirken lassen.
3 – Schrubben. Nachspülen.

Verkrusteten Schmutz mit Kristallsoda vom Grill entfernen

Zubehör und Bestandteile

- 1 Stück Alufolie
- Eine Schüssel
- 1 Glas Kristallsoda
- 1 Glas flüssige Schmierseife

Zubereitung und Anwendung

1 – Das Kristallsoda und die flüssige Schmierseife in der Schüssel miteinander vermischen, um eine Paste zu erhalten.
2 – Die Alufolie zu einer kleinen Kugel zusammenknüllen. Ein wenig Paste aufnehmen und den Grill mit der Aluminiumkugel abschrubben.
3 – Etwa dreißig Minuten einwirken lassen. Das Kristallsoda löst das Fett. Neuerlich schrubben. Abspülen.

Einen Grill mit Natriumbicarbonat abwaschen

Zubehör und Bestandteile

- Ein Stück Alufolie
- Eine Schüssel
- 2 Gläser Natriumbicarbonat
- 1 Glas Wasser

Zubereitung und Anwendung

1 – Das Natriumbicarbonat und das Wasser in der Schüssel miteinander vermischen, um eine Paste zu erhalten.
2 – Die Alufolie zu einer kleinen Kugel zusammenknüllen. Ein wenig Paste aufnehmen und den Grill mit der Aluminiumkugel abschrubben.
3 – Etwa dreißig Minuten einwirken lassen. Neuerlich schrubben. Abspülen.

Gartenmöbel

Holzmöbel abbeizen

Um vernachlässigten Holzmöbeln einen zweiten Frühling zu schenken.

Zubehör und Bestandteile

- Ein Eimer
- Eine Bürste
- Ein Pinsel
- 2 Gläser Kristallsoda
- 10 Gläser Wasser
- Leinöl

Zubereitung und Anwendung

1 – Das Kristallsoda und das Wasser in den Eimer leeren. Mischen. Mit einer Bürste aufbringen.
2 – Einwirken lassen. Schrubben, um Flecken, Schimmel oder Moos abzubeizen. Trocknen lassen.
3 – Den Pinsel ins Leinöl tauchen. Die Möbel mit dem Öl bestreichen, um das Holz zu nähren und zu schützen.

Möbel aus hellem Holz reinigen

Zubehör und Bestandteile

- Ein Eimer
- Eine Bürste
- 1 Glas Natriumpercarbonat
- 1 Glas kochendes Wasser

Zubereitung und Anwendung

1 – Das Natriumpercarbonat und das Wasser in einen Eimer leeren. Mischen. Mit einer Bürste aufbringen. Achtung, heiß!
2 – Einwirken lassen. Schrubben, um die Flecken zu entfernen.
3 – Nachspülen. Trocknen lassen.

Plastikmöbel reinigen

MIT EINEM PUTZSTEIN
Zubehör und Bestandteile

- Ein Schwamm
- Ein Tuch
- Ein Putzstein

Anwendung

1 – Den Schwamm ins Wasser tauchen und über den Putzstein reiben. Die Möbel polieren. Flecken eingehender bearbeiten.
2 – Nachspülen. Abtrocknen.

MIT ESSIG
Zubehör und Bestandteile

- Ein Tuch
- Eine Essigsprühflasche

Anwendung

1 – Essig auf den Möbeln versprühen. Mit einem Tuch abreiben

Weiße Möbel bleichen

Zubehör und Bestandteile

- Ein Tuch
- Wasserstoffperoxid

Anwendung

1 – Das Tuch mit Wasserstoffperoxid tränken. Die Möbel abreiben.

Steinplatten

Moos von Steinplatten entfernen

MIT DEM KOCHWASSER VON KARTOFFELN

Zubehör und Bestandteile

- Ein Schrubber
- Kartoffelkochwasser

Anwendung

1 – Die Steinplatten mit dem Kartoffelkochwasser besprengen. Mit dem Schrubber abbürsten.
2 – 30 bis 40 Minuten einwirken lassen. Nachspülen.

MIT NATRIUMBICARBONAT

Zubehör und Bestandteile

- Ein Schrubber
- Ein Eimer
- 3 Gläser Natriumbicarbonat
- 3 l Wasser

Anwendung

1 – Das Natriumbicarbonat und das Wasser in einen Eimer leeren. Mischen. Die Steinplatten mit dem Inhalt des Eimers besprengen.
2 – Schrubben, um die Flecken zu entfernen.
3 – Nachspülen. Trocknen lassen.

INSEKTEN ABWEHREN

Ich liebe es, den Ameisen dabei zuzusehen, wie sie meinen Komposthaufen besiedeln. Als ungebetene Gäste überall im Haus mag ich sie dagegen deutlich weniger. Kieselgur ist ein siliciumhaltiges Sedimentgestein. Die sehr feinen Partikel sind ein rein mechanisches Insektenvertilgungsmittel. Streuen Sie ein wenig Kieselgur auf den Ameisenstraßen und entlang der Fenster und Türen aus, um sie fernzuhalten. Im Haus selbst wirkt Kieselgur auch gegen einen Großteil der Kriechtiere, wie Bettwanzen, Tierflöhe und Silberfischchen.

Hund & Katz

Unsere haarigen Haustiere ... So überflüssig. So unentbehrlich. Wir lieben sie, wir verwöhnen sie. Wir lieben sie so sehr, dass wir ihren Schabernack und die Invasion von Tierhaaren überall im Haus tolerieren.

Katzenklo-Geruch neutralisieren

Die Katze, dieses wunderbare Tier, das von frühester Jugend an stubenrein ist! Tatsächlich, sie weiß, wo ihr Katzenklo steht. Aber sie überlässt Ihnen die Aufgabe, es zu entleeren und zu reinigen.

Mit Essig auswaschen

Zugegeben, das passiert jedem von uns: Ein paar Tage nicht wissen, wo einem der Kopf steht und Dinge aufschieben – und das Katzenklo hat immer als letztes Priorität. Jetzt haben wir einen Notfall.

Zubehör und Bestandteile
- Eine Bürste
- Eine Essigsprühflasche

Anwendung
1 – Das Katzenklo ausleeren. Großzügig mit Essig besprühen. Etwa zwanzig Minuten einwirken lassen.
2 – Falls erforderlich schrubben. Nachspülen. Trocknen lassen.

Geruchsbesetigung mit Natriumbicarbonat

Das Natriumbicarbonat wirkt sowohl vorbeugend als auch heilend. Um zu vermeiden, dass das Katzenklo zu stark riecht, den Boden der Wanne großzügig mit Natriumbicarbonat bestreuen. Wenn das Malheur schon geschehen ist und es heute Abend, leider, leider, nicht möglich sein wird, die Katzenstreu auszutauschen, Natriumbicarbonat oben drüberstreuen. Während es die Ausbreitung von Bakterien verhindert, wird es zugleich das Entstehen unangenehmer Gerüche unterbinden.

Tierhaare auf Bezugsstoffen loswerden

Es ist eigentlich eine Selbstverständlichkeit: Fellträger haben eine Menge Haare. Aber wegen einer solchen Kleinigkeit werden wir doch nicht auf unsere Hunde und Katzen verzichten. Soweit kommt's noch!

Mit einem Staubsauger

Auf die Gefahr hin, offene Türen einzurennen, führe ich hier den Staubsauger an, der ein extrem wirkungsvolles Instrument ist. Und wenn eine entsprechende Bürste montiert ist, fällt das Ergebnis umso überzeugender aus.

Mit einem Schrubber und einer alten Strumpfhose

Das Problem mit den Bürsten ist, dass man, wenn man mit dem Putzen fertig ist, die Haare entfernen muss, die sich auf der Bürste selbst abgesetzt haben. Wenn man die Bürste vor dem Bürsten in eine alte Strumpfhose steckt, sammeln sich die Haare auf der Strumpfhose und nicht auf den Borsten der Bürste. Bingo!

Mit einer elektrostatischen Bürste

Es gibt elektrostatische Bürsten für Hunde- und Katzenhaare. Sie sind besonders auf Sitzmöbeln sehr wirkungsvoll. Vorsicht, man muss immer in dieselbe Richtung bürsten und die Bürste nach jedem Bürstenstrich anheben. Ein neuerliches Bürsten derselben Fläche in umgekehrter Richtung würde bewirken, dass sich die Haare wieder ablagern.

Mit einem Waschlappen

Einfacher geht's nicht! Einen Waschlappen nass machen, auswringen und über die Hand ziehen. Alle zu reinigenden Flächen abreiben: Kleidungsstücke, Sitzmöbel, Teppiche. Es bilden sich kleine Wollknäuel, die man nach und nach entfernen kann.

Mit Haushaltshandschuhen

Hochgradig effektiv und extrem einfach, hat die Methode mit den Haushaltshandschuhen auch noch den Vorteil ihrer Präzision. Einen Haushaltshandschuh überziehen und mit der Hand über die Kleidungsstücke, die Sitzmöbel und sogar die Ecken und Winkel des Sofas fahren. Ausziehen, bevor man die Katze streichelt, es würde ihr nicht gefallen.

Mit einer Bürste für Rauhleder

Die Kissen, die Sitzmöbel, das Sofa mit einer Rauhlederbürste abbürsten, um die Haare zu entfernen.

Urinflecken entfernen

Ich brauche Ihnen keine Details zu schildern, die Sache ist fast unvermeidlich, sobald man einen Hund oder eine Katze im Haus hat. Allererste Priorität hat es, den Fleck aufzunehmen, solange er noch frisch ist. Mit einem Tuch vorsichtig die verunreinigte Stelle abtupfen, damit die Flüssigkeit daraus hervortritt. Den Fleck mit Pfeifenerde bestreuen. Einigen Stunden bis über Nacht einwirken lassen. Absaugen.

Mit Essig

Wenn der Fleck verkrustet ist, genügt einfaches Absorbieren mit Natriumbicarbonat nicht. Einen Gang hochschalten, mit Essig.

Zubehör und Bestandteile
- Eine Essigsprühflasche
- ½ Glas Natriumbicarbonat

Anwendung
1 – So vollständig wie möglich abtupfen, aber darauf achten, den Fleck nicht zu vergrößern.
2 – Essig aufsprühen. Mit einem Tuch abtupfen.
3 – Mit Natriumbicarbonat bestreuen. Trocknen lassen. Absaugen.
4 – Falls erforderlich, die Schritte 2 bis 3 wiederholen.

Mit flüssiger Schmierseife

Zubehör und Bestandteile
- Eine Sprühflasche
- Ein Haarföhn (wahlweise)
- ½ l warmes Wasser
- 1 oder 2 EL flüssige Schmierseife

Anwendung
1 – So vollständig wie möglich abtupfen, aber darauf achten, den Fleck nicht zu vergrößern.
2 – Das warme Wasser und die flüssige Schmierseife in die Sprühflasche leeren. Schütteln, um die Seife aufzulösen.
3 – Den Fleck mit der Seifenlösung besprühen. Mit einem Tuch betupfen. Dann mit einem trockenen Tuch möglichst viel Wasser abtupfen. Trocknen lassen oder mit einem Haarföhn trocknen.
4 – Falls erforderlich, Schritt 3 wiederholen.

Parasiten aus Körbchen und Decken vertreiben

Kieselgur ist ein hervorragendes Mittel zur Bekämpfung von Parasiten. Die Körbchen der Haustiere damit bestreuen – es wird die Insekten vertreiben. Und tschüss, Flöhe!

DEUS

Sieben Sachen zum Täglichmachen

1 • Die Schlafzimmer lüften und die Betten machen.
Erstens geht es richtig schnell und zweitens gibt uns ein gemachtes Bett sofort das befriedigende Gefühl eines aufgeräumten Schlafzimmers.

2 • Sich angewöhnen, jeden Gegenstand wieder an seinen Platz zu stellen, sobald man ihn nicht mehr braucht.
Wenn jeder im Haushalt sich diese Selbstdisziplin auferlegt, kann man wahnsinnig viel Zeit sparen, wenn der große Hausputz ansteht.

3 • Die Post sortieren.
Genau, das, was sich da im Vorzimmer oder im Arbeitszimmer auftürmt, oder, noch schlimmer, in der Küche. Es gibt nichts Mühseligeres, als sich einem Haufen Papierkram gegenüber zu sehen, in dem auch noch Werbeprospekte stecken. Nach und nach zu sortieren, macht die Sache etwas weniger mühsam.

4 • Jeden Tag eine Kleinigkeit erledigen.
Sich am Samstag einer Baustelle gegenüber zu sehen, kann entmutigend sein. Manche Arbeiten hängen nicht mit anderen zusammen und können je nach Belieben und Verfügbarkeit vorgenommen werden: Das Bett frisch überziehen, die Tischwäsche wechseln, Wäsche waschen, bügeln.

5 • Nach dem Abendessen die Küche aufräumen.
Weil es nun einmal deutlich angenehmer ist, am Morgen in eine saubere und aufgeräumte Küche zu kommen. Man fängt damit an, die Reste der Mahlzeit wegzuräumen und den Tisch abzuwischen. Dann macht man sich ans Geschirr. Wenn nichts mehr herumliegt, packt man den Putzstein (S. 31) aus und macht die Arbeitsflächen und das Spülbecken sauber.

6 • Das Waschbecken auswischen.
Weil niemand Zahnpastaspuren mag. Es trifft sich gut, dass der Express-Spray (S. 35) immer zur Hand ist. Zwei kurze Sprüher, schnell nachgewischt und fertig!

7 • Die Toilette reinigen.
Weil es so viel angenehmer ist, am Morgen eine duftende Toilette zu betreten.
Wer am Abend als Letztes die Toilette benutzt, schnappt sich den Spray für die tägliche Reinigung (S. 58) und versprüht diesen überall in der WC-Muschel. Der Essig und die ätherischen Öle machen die Arbeit, während Sie schlafen. Gute Nacht!

Stichwortverzeichnis

M

N

O

P

R

S

Aus unserem Programm

ISBN 978-3-7020-1507-7

ISBN 978-3-7020-1718-7

ISBN 978-3-7020-1323-3

ISBN 978-3-7020-1476-6

Leopold Stocker Verlag
www.stocker-verlag.com